LETTRES PHILOSOPHIQUES

Du même auteur
dans la même collection

DICTIONNAIRE PHILOSOPHIQUE.
ROMANS ET CONTES.
HISTOIRE DE CHARLES XII.

VOLTAIRE

LETTRES PHILOSOPHIQUES

Chronologie et préface
par
René Pomeau
professeur à la Sorbonne

GF
FLAMMARION

REPÈRES CHRONOLOGIQUES

1694. Voltaire, de son nom de famille François-Marie Arouet, naît à Paris.

1702. Guerre de Succession d'Espagne.

1704. Défaite des armées françaises à Hochstaedt. — Voltaire entre au collège des jésuites de Louis-le-Grand.

1706. Le prince Eugène et Marlborough s'emparent de Lille.

1713. Paix d'Utrecht. — Séjour de Voltaire à la Haye comme secrétaire de l'ambassadeur de France.

1715. Mort de Louis XIV; le duc d'Orléans, régent, prend le pouvoir.

1717. Voltaire est enfermé pendant onze mois à la Bastille.

1718. Il remporte son premier grand succès avec *Œdipe*, tragédie.

1719. Inflation : le « système » de Law.

1720. Voltaire rend visite à lord Bolingbroke, au château de la Source, près d'Orléans.

1721. A Londres, Robert Walpole devient premier ministre; il le restera jusqu'en 1742.

1722. Voltaire fait un voyage en Hollande : il admire la tolérance et la prospérité commerciale de ce pays.

1723. Il publie *La Ligue*, première version de *La Henriade*, poème épique sur les guerres de religion et Henri IV.

1726. 4 février : il est bastonné par ordre du chevalier de Rohan. 17 avril : à la Bastille. 5 mai : à Calais, en partance pour Londres. Juillet : il revient secrètement à Paris, dans le dessein de provoquer en duel Rohan. — Le cardinal Fleury gouverne la France : il conservera le pouvoir jusqu'à sa mort (1743).

1727. Janvier : Voltaire est présenté au roi d'Angleterre George 1er. 8 avril : il assiste aux funérailles solennelles de Newton à Westminster. Décembre : il publie deux opuscules en anglais, *Essay on civil wars, Essay on epick poetry.*

1728. Il publie à Londres par souscription *La Henriade*, dédiée à la reine d'Angleterre. Novembre : il rentre en France. L'abbé Prévost se convertit au protestantisme et se réfugie à Londres.

1729. Montesquieu en Angleterre.

1730. 15 mars : mort de la grande actrice Adrienne Lecouvreur. Le clergé ayant refusé la sépulture, le corps est jeté à la voirie. Voltaire s'en indigne dans le poème sur *La Mort de Mademoiselle Lecouvreur*. — Décembre : il fait jouer *Brutus*, tragédie imitée de Shakespeare. — Agitation janséniste : convulsions sur la tombe du diacre Pâris.

1731. Voltaire publie l'*Histoire de Charles XII*, commencée à Londres.

1732. Août : succès triomphal de *Zaïre*, tragédie de Voltaire dédiée au marchand anglais Falkener.

1733. Janvier : Voltaire publie *Le Temple du Goût.* Juin : liaison avec Mme du Châtelet. Juillet : ajoute aux *Lettres philosophiques* les *Remarques sur Pascal.*

1734. Les *Lettres philosophiques* se débitent à Paris. Voltaire se cache à Cirey, en Champagne, dans le château de Mme du Châtelet. — Montesquieu : *Considérations sur les Romains.*

1735. Voltaire obtient la permission de revenir à Paris.

1736. Mme du Châtelet apprend l'anglais et traduit *La Fable des Abeilles* de Mandeville. *Le Mondain :*

Voltaire se réfugie pendant quelques semaines en Hollande.

1737. Il publie les *Eléments de la philosophie de Newton.*

1738. A Cirey.

1740. Avènement de Marie-Thérèse d'Autriche. Avènement de Frédéric II, roi de Prusse : il envahit la Silésie. Voltaire rencontre Frédéric II, pour la première fois, à Clèves.

1741. Guerre de Succession d'Autriche.

1742. *Mahomet*, tragédie de Voltaire, est interdit à Paris.

1743. Mort de Fleury. Entrée des frères d'Argenson au ministère. — Voltaire fait jouer *Mérope*, tragédie. Il accomplit une mission secrète à Berlin.

1745. Louis XV remporte la victoire de Fontenoy, et prend Mme de Pompadour pour favorite. — Voltaire est nommé historiographe du roi.

1746. Il est élu à l'Académie française.

1747. Rencontre des difficultés à la Cour. *Zadig.*

1748. A Nancy, Lunéville, Commercy, il fréquente la Cour de Stanislas, beau-père de Louis XV. — Paix d'Aix-la-chapelle. — Montesquieu : *L'Esprit des lois.*

1749. Mort de Mme du Châtelet.

1750. Nommé chambellan de Frédéric II, Voltaire part pour Berlin. — Rousseau : *Discours sur les sciences et les arts.*

1751. Publication du tome I de l'*Encyclopédie.* — Voltaire publie *Le Siècle de Louis XIV.*

1753. Il rompt avec Frédéric II. Louis XV lui interdit d'approcher de Paris : il séjourne en Alsace.

1755. Il s'installe aux Délices, dans la banlieue de Genève. — Mort de Montesquieu. Rousseau : *Discours sur l'origine de l'inégalité.*

1756. Voltaire publie l'*Essai sur les mœurs et l'esprit des nations.* — Début de la guerre de Sept Ans.

1757. Désastre de l'armée française à Rossbach. Persécutions contre les philosophes : la publication de l'*Encyclopédie* est interrompue.

1758. Le duc de Choiseul entre au ministère. — Voltaire achète Ferney et Tourney, en territoire français, à la frontière de la Suisse.

1759. Il publie *Candide.*

1761. Le parlement de Paris entame le procès qui aboutira à la suppression des jésuites. Rousseau : *La Nouvelle Héloïse.*

1762. Début de l'affaire Calas. — Catherine II prend le pouvoir en Russie. — Rousseau : *Le Contrat social*, l'*Emile.*

1763. Fin de la guerre de Sept Ans. — Voltaire publie le *Traité sur la tolérance.*

1764. Il publie le *Dictionnaire philosophique.*

1766. Le chevalier de La Barre est décapité pour impiété.

1767. Voltaire publie *L'Ingénu.*

1770. Chute de Choiseul.

1774. Avènement de Louis XVI : ministère de Turgot.

1778. Retour de Voltaire à Paris : apothéose et mort.

PRÉFACE

PRÉFACE

« Mons de Voltaire, Mons Arouet, comment vous appelez-vous? » Ainsi le chevalier de Rohan-Chabot, piètre rejeton d'une illustre lignée, apostrophait l'auteur d'*Œdipe* et de *La Henriade*. « Je ne suis pas comme ceux qui déshonorent le nom qu'ils ont reçu; j'immortalise celui que j'ai pris. » Le chevalier lève sa canne, puis se ravise : « On ne doit vous répondre qu'à coups de bâton. » La scène se passait au foyer de la Comédie française. Trois jours plus tard, Voltaire dînait chez le duc de Sully. Un laquais vient lui dire qu'on le demande. Il descend, sans méfiance. A la porte il se heurte à quatre gaillards, qui le bastonnent à tour de bras. Le chevalier, installé dans un fiacre, assiste gracieusement à l'exécution. C'est l'usage alors qu'un grand seigneur punisse de la sorte un homme de lettres dont il a à se plaindre. Racine lui-même, dit-on, n'échappa que de justesse à la bastonnade.

Voltaire ne l'entend pas ainsi. Il tempête, veut provoquer en duel le Rohan. Celui-ci, prudemment, fait intervenir les siens : de par le roi, le sieur Arouet est enfermé à la Bastille. Il en sort au bout de quelques jours, avec ordre de s'exiler à cinquante lieues de Paris. Vers le 10 mai 1726 il s'embarque à Calais pour l'Angleterre, où il séjournera jusqu'à l'automne de 1728.

« Petite cause » d'un grand événement? Pangloss dirait : « Si Rohan ne lui avait pas frotté les épaules,

Voltaire n'aurait pas écrit les *Lettres anglaises*, ce maître-livre du siècle philosophique. » En réalité, ici comme ailleurs, le « petit fait » révèle, plutôt qu'il n'explique. Ce n'est pas hasard si à quelques mois d'intervalle Londres accueillit trois Français, têtes pensantes de leur génération : Montesquieu, l'abbé Prévost, Voltaire. Voltaire, quant à lui, depuis plusieurs années regardait outre-Manche. Il s'est produit à l'ambassade anglaise à Paris. Il a fréquenté lord Bolingbroke, leader tory exilé en France. A l'instigation de ce politique philosophe, qu'il compare à Cicéron, il s'est mis à apprendre l'anglais. Il étudie Locke. Il correspond avec le poète Alexander Pope. Il était bien décidé à faire un voyage en Angleterre : les coups de bâton et la Bastille ont seulement précipité son départ.

Rivale de la France depuis toujours, l'Angleterre depuis un tiers de siècle prenait une sensible avance. La révolution de 1688, l'établissement d'une monarchie constitutionnelle, admettant la tolérance religieuse et une certaine liberté de pensée : ces innovations longtemps avaient été jugées pernicieuses par l'opinion française. Or voici qu'aux traités d'Utrecht cette Angleterre réprouvée, mais victorieuse, dicte ses conditions. Le commerce anglais prospère. La philosophie et la science anglaises sont à l'avant-garde du mouvement intellectuel. L'Anglais s'affirme un type d'homme nouveau : libre en ses pensées comme en ses actions, ne craignant rien en ce monde ni dans l'autre. N'y a-t-il pas là matière à réflexion, pour la France ruinée par les guerres de Louis XIV, agitée par les scandales de la Régence et l'inflation de Law, déchirée par les querelles théologiques de la bulle *Unigenitus*?

Voltaire se promet de mener son enquête sur cette « île de la Raison. » Il commence par compléter sa connaissance de la langue. Il prend des leçons avec un jeune quaker. Ce qui lui fait découvrir cette secte singulière : l'interlocuteur de sa première *Lettre philosophique* sera un personnage réel, le quaker Andrew Pitt, avec lequel il restera en relations. Au bout de quelques semaines, il sait assez d'anglais pour aller au théâtre : il reçoit le choc de Shakespeare, ce « barbare » de génie. Il est présenté à la cour. Il fréquente les politiques des deux partis : lord Bolingbroke, mais aussi son adversaire Whig, Robert Walpole, premier ministre; de nombreuses personnalités whig souscrivent à l'édition de *La Henriade*, qu'il publie à Londres en 1728. Il fait un séjour chez lord Peterborough à Parson's Green, rend visite à lord Hervey dans son domaine du Suffolk, est reçu par lady Marlborough en sa résidence de Blenheim. Il se lie aussi avec les gens de la finance et du commerce. Il a placé son argent chez les banquiers juifs Médina et d'Acosta. Il est l'hôte de Falkener, marchand qui deviendra ambassadeur à Constantinople : on s'accorde à identifier avec Falkener l'ami anonyme de la VIe *Remarque sur Pascal*.

Il fréquente, bien entendu, les gens de lettres : le poète Pope; Swift, avec lequel il aurait passé trois mois chez lord Peterborough; Gay, l'auteur de *L'Opéra des Gueux;* le philosophe Berkeley; le théologien libéral Samuel Clarke. Il assiste aux obsèques solennelles de Newton, et est très frappé des honneurs que l'Angleterre décerne à ce grand homme; il s'informe sur lui auprès de sa nièce Mrs. Conduit. Très vite, il a conçu le projet de publier une sorte de reportage sur l'Angleterre.

Il a jeté sur le papier les premières notes, quand il regagne la France. Mais des années passent avant qu'il mette au point son ouvrage; il lui faut s'initier, par Maupertuis, à la physique de Newton. En 1733 enfin, les *Lettres philosophiques* sont prêtes : elles paraissent d'abord en traduction anglaise à Londres. Voltaire retient l'édition française, imprimée à Rouen sans autorisation. Il craint que ce petit livre explosif ne lui attire d'assez graves ennuis. En effet : l'éditeur, las d'attendre, ayant mis en vente les volumes, un arrêt du parlement dénonce l'ouvrage comme « scandaleux, contraire à la religion, aux bonnes mœurs et au respect dû aux Puissances ». Les *Lettres philosophiques* sont brûlées par le bourreau au pied du grand escalier du Palais. Décrété d'arrestation, Voltaire doit s'enfuir et se cacher.

Le coup frappait juste. Il avait renoncé à écrire des « lettres d'un voyageur », simplement pittoresques. Ce qui importe, dans cette Angleterre, c'est sa « philosophie », autrement dit son esprit moderne. Que venaient faire des *Remarques sur Pascal* dans un livre sur les sectes, la politique, le commerce, la science, la littérature des Anglais vers 1730 ? Annexe ajoutée après coup, cet « Anti-Pascal » affirme en fait l'inspiration essentielle des *Lettres philosophiques*. Contre la philosophie religieuse du passé, Voltaire définit celle du monde qui est en train de naître dans l'Europe de son temps.

L'angoisse de l'homme Pascal s'était trouvée accordée à l'état de l'humanité, à l'époque et au lendemain de la guerre de Trente Ans. C'est le monde de la *Mère Courage*, de Brecht. L'homme fait son salut dans l'au-delà : ici-bas, il ne peut prétendre à aucune espérance. Il accepte les rois, la guerre, l'injustice. Il accepte la souffrance et la mort. Il se détourne de la vie sociale, irrémédiablement corrompue. L'action, « divertissement » où l'individu tente de s'étourdir, paraît être le signe d'une nature pervertie. Cet homme d'un temps de malheur va donc s'isoler dans le dialogue mystique avec Dieu. Il fuit la nature vers le surnaturel.

A quoi Voltaire oppose, par ces *Lettres philosophiques*, l'idée neuve du bonheur terrestre. Signe des temps, dira-t-on. Sous les houlettes également pacifiques de Fleury et de Walpole, les classes supérieures s'enrichissent, découvrant le « confort », la douceur de vivre; les populations, moins faméliques, s'accroissent rapidement. Mais la philosophie des *Lettres philosophiques* vaut au-delà de cette conjoncture.

C'était faire scandale, dans la France de 1734, que d'exposer l'empirisme de Locke, et la loi de gravitation universelle découverte par Newton : ces nouveautés, anciennement révolutionnaires, appartiennent aujourd'hui à l'histoire des idées. Mais l'esprit dont elles procédaient demeure. En proposant Newton comme le type du « philosophe », Voltaire affirme l'idée de la Science, entreprise collective de l'humanité, qui transforme la vie humaine par la connaissance des lois naturelles : ce qu'illustre plaisamment la *Lettre* sur la petite vérole. C'est une remise à jour des ambitions de Descartes dans son *Discours de la Méthode*. L'accent toutefois est placé ici sur l'expérience, et la science ne se présente plus seulement comme un espoir, mais comme une tangible réalité.

La seconde idée-force du livre est celle de la vie sociale. Entre Pascal, Descartes, d'une part, et Voltaire, de l'autre, la pensée française est passée de l'homme à l'humanité : avec une exacte propriété de l'expression, Voltaire annonce son dessein de prendre le parti de *l'humanité* contre le « misanthrope sublime ». Il n'ignore rien, certes, des misères de l'homme vivant en société : filouteries, oppression, guerre, fanatisme... Mais il écarte les imaginations catastrophiques où se complaît une certaine dévotion. « Une île déserte et effroyable », un abattoir où l'on attend son tour d'être égorgé : ces métaphores pathétiques ne correspondent nullement à ce qu'est devenue la vie sociale de l'Europe moderne. L'exemple de l'Angleterre précisément démontre qu'il est possible d'aménager l'existence collective de sorte que chacun jouisse de la portion de bonheur dont la nature humaine est susceptible.

Et l'homme, qu'on le veuille ou non, est fait pour vivre en société. Son être profond le pousse à agir dans le cadre de la vie en commun. Il est faux que l'action soit un « divertissement », une fuite hors de soi. « Penser à soi, c'est ne penser à rien », note Voltaire : la pensée n'existe que par l'objet qu'elle se donne; l'homme ne s'affirme que par l'acte. Cette critique reste la seule valable que l'on ait faite du « divertissement » pascalien. Voltaire ne fut sans doute pas un philosophe profond. Mais il se révèle un philosophe pertinent.

Pertinence dans le choix des références; pertinence du style. Vif, à l'emporte-pièce, mordant, le ton des

Lettres philosophiques revigore. On y respire l'optimisme des « lumières ».

Plus de deux siècles ont passé depuis le scandale des *Lettres philosophiques :* notre monde s'est édifié sur cette philosophie devenue vérité première. La conquête scientifique, l'organisation de la société, demeurent les fins de notre humanité technicienne. Ce qui subsiste de plus actuel dans le petit livre de 1734, c'est un esprit, sensible dès le premier contact avec le texte. D'autres ont préféré l'évasion dans l'imaginaire, avec ce qu'elle comporte de mauvaise conscience. Voltaire, pour sa part, enseigne à assumer, avec une lucidité alerte, l'aventure moderne de l'humanité.

René Pomeau.

LETTRES PHILOSOPHIQUES

PREMIÈRE LETTRE

PREMIÈRE LETTRE

SUR LES QUAKERS.

J'ai cru que la doctrine et l'histoire d'un peuple si extraordinaire méritaient la curiosité d'un homme raisonnable. Pour m'en instruire, j'allai trouver un des plus célèbres quakers d'Angleterre, qui, après avoir été trente ans dans le commerce, avait su mettre des bornes à sa fortune et à ses désirs, et s'était retiré dans une campagne auprès de Londres. Je fus le chercher dans sa retraite; c'était une maison petite, mais bien bâtie, pleine de propreté sans ornement. Le quaker était un vieillard frais qui n'avait jamais eu de maladie, parce qu'il n'avait jamais connu les passions ni l'intempérance : je n'ai point vu en ma vie d'air plus noble ni plus engageant que le sien. Il était vêtu, comme tous ceux de sa religion, d'un habit sans plis dans les côtés et sans boutons sur les poches ni sur les manches, et portait un grand chapeau à bords rabattus, comme nos ecclésiastiques; il me reçut avec son chapeau sur la tête, et s'avança vers moi sans faire la moindre inclination de corps; mais il y avait plus de politesse dans l'air ouvert et humain de son visage qu'il n'y en a dans l'usage de tirer une jambe derrière l'autre et de porter à la main ce qui est fait pour couvrir la tête. « Ami, me dit-il, je vois que tu es un étranger; si je puis t'être de quelque utilité, tu n'as qu'à parler. — Monsieur, lui dis-je, en me courbant le corps et en glissant un pied vers lui, selon notre coutume, je me flatte que ma juste curiosité ne vous déplaira pas, et que vous voudrez bien me faire l'honneur de m'instruire de votre religion. — Les gens de ton pays, me répond-il, font trop de compliments et de révérences; mais je n'en ai encore vu aucun qui ait eu la même curiosité que toi. Entre, et dînons d'abord ensemble. » Je fis encore quelques mauvais compliments, parce qu'on ne se défait pas de ses habitudes tout d'un coup; et, après un repas sain et frugal, qui commença et qui finit par une prière à Dieu, je me mis à interroger mon homme. Je débutai par la question que de bons catholiques ont faite plus d'une fois aux huguenots : « Mon cher Monsieur, lui dis-je, êtes-vous baptisé? — Non, me répondit le quaker, et mes confrères ne le sont point. — Comment, morbleu, repris-je, vous n'êtes donc pas chrétiens? — Mon fils, repartit-il d'un ton doux, ne jure point; nous sommes chrétiens et tâchons d'être bons chrétiens, mais nous ne pensons pas que le christianisme consiste à jeter de l'eau froide sur la tête, avec un peu de sel. — Eh! ventrebleu, repris-je, outré de cette impiété, vous avez donc oublié que Jésus-Christ fut baptisé par Jean? — Ami, point de jurements, encore un coup, dit le bénin quaker. Le Christ reçut le baptême de Jean, mais il ne baptisa jamais personne; nous ne sommes pas les disciples de Jean, mais du Christ. — Hélas! dis-je, comme vous seriez brûlé en pays d'Inquisition, pauvre homme!... Eh! pour l'amour de Dieu, que je vous baptise et que je vous fasse chrétien! — S'il ne fallait que cela pour condescendre à ta faiblesse, nous le ferions volontiers, repartit-il gravement; nous ne condamnons personne pour user de la cérémonie du Baptême, mais nous croyons que ceux qui professent une religion toute sainte et toute spirituelle doivent s'abstenir, autant qu'ils le peuvent, des cérémonies judaïques. — En voici bien d'un autre, m'écriai-je! Des cérémonies judaïques! — Oui, mon fils, continua-t-il, et si judaïques que plusieurs juifs encore aujourd'hui usent quelquefois du Baptême de Jean. Consulte l'Antiquité; elle t'apprendra que Jean ne fit que renouveler cette pratique, laquelle était en usage longtemps avant lui parmi les Hébreux, comme le pèlerinage de la Mecque l'était parmi les ismaélites. Jésus voulut bien recevoir le Baptême de Jean, de même qu'il s'était soumis à la

Circoncision; mais, et la Circoncision, et le lavement d'eau doivent être tous deux abolis par le Baptême du Christ, ce Baptême de l'esprit, cette ablution de l'âme qui sauve les hommes. Aussi le précurseur Jean disait : *Je vous baptise à la vérité avec de l'eau, mais un autre viendra après moi, plus puissant que moi, et dont je ne suis pas digne de porter les sandales; celui-là vous baptisera avec le feu et le Saint-Esprit.* Aussi le grand Apôtre des Gentils, Paul, écrit aux Corinthiens : *Le Christ ne m'a pas envoyé pour baptiser, mais pour prêcher l'Évangile;* aussi ce même Paul ne baptisa jamais avec de l'eau que deux personnes, encore fut-ce malgré lui; il circoncit son disciple Timothée; les autres Apôtres circoncisaient aussi tous ceux qui voulaient. Es-tu circoncis? » ajouta-t-il. Je lui répondis que je n'avais pas cet honneur. « Eh bien, dit-il, l'ami, tu es chrétien sans être circoncis, et moi, sans être baptisé. »

Voilà comme mon saint homme abusait assez spécieusement de trois ou quatre passages de la Sainte Écriture, qui semblaient favoriser sa secte; mais il oubliait de la meilleure foi du monde une centaine de passages qui l'écrasaient. Je me gardai bien de lui rien contester; il n'y a rien à gagner avec un enthousiaste : il ne faut point s'aviser de dire à un homme les défauts de sa maîtresse, ni à un plaideur le faible de sa cause, ni des raisons à un illuminé; ainsi je passai à d'autres questions. « A l'égard de la Communion, lui dis-je, comment en usez-vous? — Nous n'en usons point, dit-il. — Quoi! point de Communion? — Non, point d'autre que celle des cœurs. » Alors il me cita encore les Ecritures. Il me fit un fort beau sermon contre la Communion, et me parla d'un ton inspiré pour me prouver que tous les Sacrements étaient tous d'invention humaine, et que le mot de Sacrement ne se trouvait pas une seule fois dans l'Evangile. « Pardonne, dit-il, à mon ignorance, je ne t'ai pas apporté la centième partie des preuves de ma religion; mais tu peux les voir dans l'exposition de notre foi par Robert Barclay : c'est un des meilleurs livres qui soient jamais sortis de la main des hommes. Nos ennemis conviennent qu'il est très dangereux, cela prouve combien il est raisonnable. » Je lui promis de lire ce livre, et mon quaker me crut déjà converti.

Ensuite il me rendit raison en peu de mots de quelques singularités qui exposent cette secte au mépris des autres. « Avoue, dit-il, que tu as eu bien de la peine à t'empêcher de rire quand j'ai répondu à toutes tes civilités avec mon chapeau sur ma tête et en te tutoyant; cependant tu me parais trop instruit pour ignorer que du temps du Christ aucune nation ne tombait dans le ridicule de substituer le pluriel au singulier. On disait à César Auguste : *je t'aime, je te prie, je te remercie;* il ne souffrait pas même qu'on l'appelât monsieur, *Dominus*. Ce ne fut que très longtemps après lui que les hommes s'avisèrent de se faire appeler *vous* au lieu de *tu*, comme s'ils étaient doubles, et d'usurper les titres impertinents de Grandeur, d'Eminence, de Sainteté, que des vers de terre donnent à d'autres vers de terre, en les assurant qu'ils sont, avec un profond respect et une fausseté infâme, leurs très humbles et très obéissants serviteurs. C'est pour être plus sur nos gardes contre cet indigne commerce de mensonges et de flatteries que nous tutoyons également les rois et les savetiers, que nous ne saluons personne, n'ayant pour les hommes que de la charité, et du respect que pour les lois.

« Nous portons aussi un habit un peu différent des autres hommes, afin que ce soit pour nous un avertissement continuel de ne leur pas ressembler. Les autres portent les marques de leurs dignités, et nous, celles de l'humilité chrétienne; nous fuyons les assemblées de plaisir, les spectacles, le jeu; car nous serions bien à plaindre de remplir de ces bagatelles des cœurs en qui Dieu doit habiter; nous ne faisons jamais de serments, pas même en justice; nous pensons que le nom du Très-Haut ne doit pas être prostitué dans les débats misérables des hommes. Lorsqu'il faut que nous comparaissions devant les magistrats pour les affaires des autres (car nous n'avons jamais de procès), nous affirmons la vérité par un *oui* ou par un *non*, et les juges nous en croient sur notre simple parole, tandis que tant de chrétiens se parjurent sur l'Evangile. Nous n'allons jamais à la guerre; ce n'est pas que nous craignions la mort, au contraire nous bénissons le moment qui nous unit à l'Etre des Etres; mais c'est que nous ne sommes ni loups, ni tigres, ni dogues, mais hommes, mais chrétiens. Notre Dieu, qui nous a ordonné d'aimer nos ennemis et de souffrir sans murmure, ne veut pas sans doute que nous passions la mer pour aller égorger nos frères, parce que des meurtriers vêtus de rouge, avec un bonnet haut de deux pieds, enrôlent des citoyens en faisant du bruit avec deux petits bâtons sur une peau d'âne bien tendue; et lorsque après des batailles gagnées tout Londres brille d'illuminations, que le ciel est enflammé de fusées, que l'air retentit du bruit des actions de grâces, des cloches, des orgues, des canons, nous gémissons en silence sur ces meurtres qui causent la publique allégresse. »

SECONDE LETTRE

SECONDE LETTRE

Sur les quakers.

Telle fut à peu près la conversation que j'eus avec cet homme singulier; mais je fus bien plus surpris quand, le dimanche suivant, il me mena à l'église des quakers. Ils ont plusieurs chapelles à Londres; celle où j'allai est près de ce fameux pilier qu'on appelle *le Monument*. On était déjà assemblé lorsque j'entrai avec mon conducteur. Il y avait environ quatre cents hommes dans l'église, et trois cents femmes : les femmes se cachaient le visage avec leur éventail; les hommes étaient couverts de leurs larges chapeaux; tous étaient assis, tous dans un profond silence. Je passai au milieu d'eux sans qu'un seul levât les yeux sur moi. Ce silence dura un quart d'heure. Enfin un d'eux se leva, ôta son chapeau, et, après quelques grimaces et quelques soupirs, débita, moitié avec la bouche, moitié avec le nez, un galimatias tiré de l'Evangile, à ce qu'il croyait, où ni lui ni personne n'entendait rien. Quand ce faiseur de contorsions eut fini son beau monologue, et que l'assemblée se fut séparée toute édifiée et toute stupide, je demandai à mon homme pourquoi les plus sages d'entre eux souffraient de pareilles sottises. « Nous sommes obligés de les tolérer, me dit-il, parce que nous ne pouvons pas savoir si un homme qui se lève pour parler sera inspiré par l'esprit ou par la folie; dans le doute, nous écoutons tout patiemment, nous permettons même aux femmes de parler. Deux ou trois de nos dévotes se trouvent souvent inspirées à la fois, et c'est alors qu'il se fait un beau bruit dans la maison du Seigneur. —

Vous n'avez donc point de prêtres? lui dis-je. — Non, mon ami, dit le quaker, et nous nous en trouvons bien. A Dieu ne plaise que nous osions ordonner à quelqu'un de recevoir le Saint-Esprit le dimanche à l'exclusion des autres fidèles. Grâce au Ciel nous sommes les seuls sur la terre qui n'ayons point de prêtres. Voudrais-tu nous ôter une distinction si heureuse? Pourquoi abandonnerions-nous notre enfant à des nourrices mercenaires, quand nous avons du lait à lui donner? Ces mercenaires domineraient bientôt dans la maison, et opprimeraient la mère et l'enfant. Dieu a dit : *Vous avez reçu gratis, donnez gratis.* Irons-nous après cette parole marchander l'Evangile, vendre l'Esprit Saint, et faire d'une assemblée de chrétiens une boutique de marchands? Nous ne donnons point d'argent à des hommes vêtus de noir pour assister nos pauvres, pour enterrer nos morts, pour prêcher les fidèles; ces saints emplois nous sont trop chers pour nous en décharger sur d'autres.

— Mais comment pouvez-vous discerner, insistai-je, si c'est l'Esprit de Dieu qui vous anime dans vos discours? — Quiconque, dit-il, priera Dieu de l'éclairer, et qui annoncera des vérités évangéliques qu'il sentira, que celui-là soit sûr que Dieu l'inspire. » Alors il m'accabla de citations de l'Ecriture, qui démontraient, selon lui, qu'il n'y a point de christianisme sans une révélation immédiate, et il ajouta ces paroles remarquables : « Quand tu fais mouvoir un de tes membres, est-ce ta propre force qui le remue? Non sans doute, car ce membre a souvent des mouvements involontaires. C'est donc celui qui a créé ton corps qui meut ce corps de terre. Et les idées que reçoit ton âme, est-ce toi qui les formes? Encore moins, car elles viennent malgré toi. C'est donc le Créateur de ton âme qui te donne tes idées; mais, comme il a laissé à ton cœur la liberté, il donne à ton esprit les idées que ton cœur mérite; tu vis dans Dieu, tu agis, tu penses dans Dieu; tu n'as donc qu'à ouvrir les yeux à cette lumière qui éclaire tous les hommes; alors tu verras la vérité, et la feras voir. — Eh! voilà le père Malebranche tout pur! m'écriai-je. — Je connais ton Malebranche, dit-il; il était un peu quaker, mais il ne l'était pas assez. » Ce sont là les choses les plus importantes que j'ai apprises touchant la doctrine des quakers. Dans la première lettre vous aurez leur histoire, que vous trouverez encore plus singulière que leur doctrine.

TROISIÈME LETTRE

SUR LES QUAKERS

Vous avez déjà vu que les quakers datent depuis Jésus-Christ, qui fut, selon eux, le premier quaker. La religion, disent-ils, fut corrompue presque après sa mort, et resta dans cette corruption environ seize cents années ; mais il y avait toujours quelques quakers cachés dans le monde, qui prenaient soin de conserver le feu sacré éteint partout ailleurs, jusqu'à ce qu'enfin cette lumière s'étendit en Angleterre en l'an 1642.

Ce fut dans le temps que trois ou quatre sectes déchiraient la Grande-Bretagne par des guerres civiles entreprises au nom de Dieu, qu'un nommé Georges Fox, du comté de Leicester, fils d'un ouvrier en soie, s'avisa de prêcher en vrai apôtre, à ce qu'il prétendait, c'est-à-dire sans savoir ni lire ni écrire ; c'était un jeune homme de vingt-cinq ans, de mœurs irréprochables, et saintement fou. Il était vêtu de cuir depuis les pieds jusqu'à la tête ; il allait de village en village, criant contre la guerre et contre le clergé. S'il n'avait prêché que contre les gens de guerre, il n'avait rien à craindre ; mais il attaquait les gens d'Église : il fut bientôt mis en prison. On le mena à Derby devant le juge de Paix. Fox se présenta au juge avec son bonnet de cuir sur la tête. Un sergent lui donna un grand soufflet, en lui disant : « Gueux, ne sais-tu pas qu'il faut paraître nu-tête devant Monsieur le Juge ? » Fox tendit l'autre joue, et pria le sergent de vouloir bien lui donner un autre soufflet pour l'amour de Dieu. Le juge de Derby voulut lui faire prêter serment avant

TROISIÈME LETTRE

SUR LES QUAKERS.

Vous avez déjà vu que les quakers datent depuis Jésus-Christ, qui fut, selon eux, le premier quaker. La religion, disent-ils, fut corrompue presque après sa mort, et resta dans cette corruption environ seize cents années; mais il y avait toujours quelques quakers cachés dans le monde, qui prenaient soin de conserver le feu sacré éteint partout ailleurs, jusqu'à ce qu'enfin cette lumière s'étendit en Angleterre en l'an 1642.

Ce fut dans le temps que trois ou quatre sectes déchiraient la Grande-Bretagne par des guerres civiles entreprises au nom de Dieu, qu'un nommé Georges Fox, du comté de Leicester, fils d'un ouvrier en soie, s'avisa de prêcher en vrai apôtre, à ce qu'il prétendait, c'est-à-dire sans savoir ni lire ni écrire; c'était un jeune homme de vingt-cinq ans, de mœurs irréprochables, et saintement fou. Il était vêtu de cuir depuis les pieds jusqu'à la tête; il allait de village en village, criant contre la guerre et contre le clergé. S'il n'avait prêché que contre les gens de guerre, il n'avait rien à craindre; mais il attaquait les gens d'Église : il fut bientôt mis en prison. On le mena à Derby devant le juge de Paix. Fox se présenta au juge avec son bonnet de cuir sur la tête. Un sergent lui donna un grand soufflet, en lui disant : « Gueux, ne sais-tu pas qu'il faut paraître nu-tête devant Monsieur le Juge? » Fox tendit l'autre joue, et pria le sergent de vouloir bien lui donner un autre soufflet pour l'amour de Dieu. Le juge de Derby voulut lui faire prêter serment avant de l'interroger. « Mon ami, sache, dit-il au juge, que je ne prends jamais le nom de Dieu en vain. » Le juge, voyant que cet homme le tutoyait, l'envoya aux Petites-Maisons de Derby pour y être fouetté. Georges Fox alla, en louant Dieu, à l'hôpital des fous, où l'on ne manqua pas d'exécuter à la rigueur la sentence du juge. Ceux qui lui infligèrent la pénitence du fouet furent bien surpris quand il les pria de lui appliquer encore quelques coups de verges pour le bien de son âme. Ces messieurs ne se firent pas prier; Fox eut sa double dose, dont il les remercia très cordialement. Il se mit à les prêcher; d'abord on rit, ensuite on l'écouta; et, comme l'enthousiasme est une maladie qui se gagne, plusieurs furent persuadés, et ceux qui l'avaient fouetté devinrent ses premiers disciples.

Délivré de sa prison, il courut les champs avec une douzaine de prosélytes, prêchant toujours contre le clergé, et fouetté de temps en temps. Un jour, étant mis au pilori, il harangua tout le peuple avec tant de force qu'il convertit une cinquantaine d'auditeurs, et mit le reste tellement dans ses intérêts qu'on le tira en tumulte du trou où il était; on alla chercher le curé anglican dont le crédit avait fait condamner Fox à ce supplice, et on le piloria à sa place.

Il osa bien convertir quelques soldats de Cromwell, qui quittèrent le métier des armes et refusèrent de prêter le serment. Cromwell ne voulait pas d'une secte où l'on ne se battait point, de même que Sixte-Quint augurait mal d'une secte, *dove non si chiavava.* Il se servit de son pouvoir pour persécuter ces nouveaux venus, on en remplissait les prisons; mais les persécutions ne servent presque jamais qu'à faire des prosélytes : ils sortaient des prisons affermis dans leur créance et suivis de leurs geôliers qu'ils avaient convertis. Mais voici ce qui contribua le plus à étendre la secte. Fox se croyait inspiré. Il crut par conséquent devoir parler d'une manière différente des autres hommes; il se mit à trembler, à faire des contorsions et des grimaces, à retenir son haleine, à la pousser avec violence; la prêtresse de Delphes n'eût pas mieux fait. En peu de temps il acquit une grande habitude d'inspiration, et bientôt après il ne fut guère en son pouvoir de parler autrement. Ce fut le premier don qu'il communiqua à ses disciples. Ils firent de bonne foi toutes les grimaces de leur maître; ils tremblaient de toutes leurs forces au moment de l'inspiration. De là ils eurent le nom de *quakers*, qui signifie *trembleurs*. Le petit peuple s'amusait à les contrefaire. On tremblait, on parlait du nez, on avait des convulsions, et on croyait avoir le Saint-Esprit. Il leur fallait quelques miracles, ils en firent.

Le patriarche Fox dit publiquement à un juge de Paix, en présence d'une grande assemblée : « Ami, prends garde à toi; Dieu te punira bientôt de persécuter les saints. » Ce juge était un ivrogne qui buvait tous les jours trop de mauvaise bière et d'eau-de-vie; il mourut d'apoplexie deux jours après, précisément comme il venait de signer un ordre pour envoyer quelques quakers en prison. Cette mort soudaine ne fut point attribuée à l'intempérance du juge; tout le monde la regarda comme un effet des prédictions du saint homme.

Cette mort fit plus de quakers que mille sermons et autant de convulsions n'en auraient pu faire. Cromwell, voyant que leur nombre augmentait tous les jours, voulut les attirer à son parti : il leur fit offrir de l'argent, mais ils furent incorruptibles; et il dit un jour que cette religion était la seule contre laquelle il n'avait pu prévaloir avec des guinées.

Ils furent quelquefois persécutés sous Charles II, non pour leur religion, mais pour ne vouloir pas payer les dîmes au clergé, pour tutoyer les magistrats, et refuser de prêter les serments prescrits par la Loi.

Enfin Robert Barclay, Écossais, présenta au roi, en 1675, son *Apologie des Quakers*, ouvrage aussi bon qu'il pouvait l'être. L'Épître dédicatoire à Charles II contient, non de basses flatteries, mais des vérités hardies et des conseils justes.

« Tu as goûté, dit-il à Charles à la fin de cette Epître, de la douceur et de l'amertume, de la prospérité et des plus grands malheurs; tu as été chassé des pays où tu règnes; tu as senti le poids de l'oppression, et tu dois savoir combien l'oppresseur est détestable devant Dieu et devant les hommes. Que si, après tant d'épreuves et de bénédictions, ton cœur s'endurcissait et oubliait le Dieu qui s'est souvenu de toi dans tes disgrâces, ton crime en serait plus grand et ta condamnation plus terrible. Au lieu donc d'écouter les flatteurs de ta cour, écoute la voix de ta conscience, qui ne te flattera jamais. Je suis ton fidèle ami et sujet BARCLAY. »

Ce qui est plus étonnant, c'est que cette lettre, écrite à un roi par un particulier obscur, eut son effet, et la persécution cessa.

QUATRIÈME LETTRE

QUATRIÈME LETTRE

SUR LES QUAKERS.

Environ ce temps parut l'illustre Guillaume Penn, qui établit la puissance des quakers en Amérique, et qui les aurait rendus respectables en Europe, si les hommes pouvaient respecter la vertu sous des apparences ridicules; il était fils unique du chevalier Penn, vice-amiral d'Angleterre et favori du duc d'York, depuis Jacques II.

Guillaume Penn, à l'âge de quinze ans, rencontra un quaker à Oxford, où il faisait ses études; ce quaker le persuada, et le jeune homme, qui était vif, naturellement éloquent, et qui avait de la noblesse dans sa physionomie et dans ses manières, gagna bientôt quelques-uns de ses camarades. Il établit insensiblement une société de jeunes quakers qui s'assemblaient chez lui; de sorte qu'il se trouva chef de secte à l'âge de seize ans.

De retour chez le vice-amiral son père au sortir du collège, au lieu de se mettre à genoux devant lui et de lui demander sa bénédiction, selon l'usage des Anglais, il l'aborda le chapeau sur la tête, et lui dit : « Je suis fort aise, l'ami, de te voir en bonne santé. » Le vice-amiral crut que son fils était devenu fol; il s'aperçut bientôt qu'il était quaker. Il mit en usage tous les moyens que la prudence humaine peut employer pour l'engager à vivre comme un autre; le jeune homme ne répondit à son père qu'en l'exhortant à se faire quaker lui-même.

Enfin le père se relâcha à ne lui demander autre chose, sinon qu'il allât voir le roi et le duc d'York le chapeau sous le bras, et qu'il ne les tutoyât point. Guillaume répondit que sa conscience ne le lui permettait pas, et le père, indigné et au désespoir, le chassa de sa maison. Le jeune Penn remercia Dieu de ce qu'il souffrait déjà pour sa cause; il alla prêcher dans la Cité; il y fit beaucoup de prosélytes.

Les prêches des ministres éclaircissaient tous les jours; et comme Penn était jeune, beau et bien fait, les femmes de la cour et de la ville accouraient dévotement pour l'entendre. Le patriarche Georges Fox vint du fond de l'Angleterre le voir à Londres sur sa réputation; tous deux résolurent de faire des missions dans les pays étrangers. Ils s'embarquèrent pour la Hollande, après avoir laissé des ouvriers en assez bon nombre pour avoir soin de la vigne de Londres. Leurs travaux eurent un heureux succès à Amsterdam; mais ce qui leur fit le plus d'honneur et ce qui mit le plus leur humilité en danger, fut la réception que leur fit la princesse Palatine Elisabeth, tante de Georges Ier, roi d'Angleterre, femme illustre par son esprit et par son savoir, et à qui Descartes avait dédié son roman de philosophie.

Elle était alors retirée à la Haye, où elle vit ces *amis*, car c'est ainsi qu'on appelait alors les quakers en Hollande; elle eut plusieurs conférences avec eux, ils prêchèrent souvent chez elle, et, s'ils ne firent pas d'elle une parfaite quakresse, ils avouèrent au moins qu'elle n'était pas loin du royaume des Cieux.

Les amis semèrent aussi en Allemagne, mais ils recueillirent peu. On ne goûta pas la mode de tutoyer, dans un pays où il faut toujours avoir à la bouche les termes d'Altesse et d'Excellence. Penn repassa bientôt en Angleterre, sur la nouvelle de la maladie de son père; il vint recueillir ses derniers soupirs. Le vice-amiral se réconcilia avec lui et l'embrassa avec tendresse, quoiqu'il fût d'une différente religion; Guillaume l'exhorta en vain à ne point recevoir le Sacrement et à mourir quaker; et le vieux bonhomme recommanda inutilement à Guillaume d'avoir des boutons sur ses manches et des ganses à son chapeau.

Guillaume hérita de grands biens, parmi lesquels il se trouvait des dettes de la Couronne, pour des avances faites par le vice-amiral dans des expéditions maritimes. Rien n'était moins assuré alors que l'argent dû par le roi; Penn fut obligé d'aller tutoyer Charles II et ses ministres plus d'une fois pour son paiement. Le gouvernement lui donna, en 1680, au lieu d'argent, la propriété et la souveraineté d'une province d'Amérique, au sud de Maryland : voilà un quaker devenu souverain. Il partit pour ses nouveaux États avec deux vaisseaux chargés de quakers qui le suivirent. On appela dès lors le pays *Pennsylvania*, du nom de *Penn*. Il y fonda la ville de *Philadelphie*, qui est aujourd'hui très florissante. Il commença par faire une ligue avec les Américains ses voisins. C'est le seul traité entre ces peuples et les chrétiens qui n'ait point été juré, et qui n'ait point été rompu. Le nouveau souverain fut aussi le législateur de la Pennsylvanie; il donna des lois très sages, dont aucune n'a été changée depuis lui. La première est de ne maltraiter personne au sujet de la religion, et de regarder comme frères tous ceux qui croient un dieu.

A peine eut-il établi son gouvernement que plusieurs marchands de l'Amérique vinrent peupler cette colonie. Les naturels du pays, au lieu de fuir dans les forêts, s'accoutumèrent insensiblement avec les pacifiques quakers : autant ils détestaient les autres chrétiens conquérants et destructeurs de l'Amérique, autant ils aimaient ces nouveaux venus. En peu de temps un grand nombre de ces prétendus sauvages, charmés de la douceur de ces voisins, vinrent en foule demander à Guillaume Penn de les recevoir au nombre de ses vassaux. C'était un spectacle bien nouveau qu'un souverain que tout le monde tutoyait, et à qui on parlait le chapeau sur la tête, un gouvernement sans prêtres, un peuple sans armes, des citoyens tous égaux, à la magistrature près, et des voisins sans jalousie.

Guillaume Penn pouvait se vanter d'avoir apporté sur la terre l'âge d'or dont on parle tant, et qui n'a vraisemblablement existé qu'en Pennsylvanie. Il revint en Angleterre pour les affaires de son nouveau pays, après la mort de Charles II. Le roi Jacques, qui avait aimé son père, eut la même affection pour le fils, et ne le considéra plus comme un sectaire obscur, mais comme un très grand homme. La politique du roi s'accordait en cela avec son goût; il avait envie de flatter les quakers en abolissant les lois faites contre les non-conformistes, afin de pouvoir introduire la religion catholique à la faveur de cette liberté. Toutes les sectes d'Angleterre virent le piège, et ne s'y laissèrent pas prendre; elles sont toujours réunies contre le catholicisme, leur ennemi commun. Mais Penn ne crut pas devoir renoncer à ses principes pour favoriser des protestants qui le haïssaient, contre un roi qui l'aimait. Il avait établi la liberté de conscience en Amérique; il n'avait pas envie de paraître vouloir la détruire en Europe; il demeura donc fidèle à Jacques II, au point qu'il fut généralement accusé d'être jésuite. Cette calomnie l'affligea sensiblement; il fut obligé de s'en justifier par des écrits publics. Cependant, le malheureux Jacques II, qui comme presque tous les Stuarts était un composé de grandeur et de faiblesse, et qui comme eux en fit trop et trop peu, perdit son royaume sans qu'on pût dire comment la chose arriva.

Toutes les sectes anglaises reçurent de Guillaume III et de son Parlement cette même liberté qu'elles n'avaient pas voulu tenir des mains de Jacques. Ce fut alors que les quakers commencèrent à jouir, par la force des lois, de tous les privilèges dont ils sont en possession aujourd'hui. Penn, après avoir vu enfin sa secte établie sans contradiction dans le pays de sa naissance, retourna en Pennsylvanie. Les siens et les Américains le reçurent avec des larmes de joie comme un père qui revenait voir ses enfants. Toutes ses lois avaient été religieusement observées pendant son absence, ce qui n'était arrivé à aucun législateur avant lui. Il resta quelques années à Philadelphie; il en partit enfin malgré lui pour aller solliciter à Londres des avantages nouveaux en faveur du commerce des Pennsylvains; il vécut depuis à Londres jusqu'à une extrême vieillesse, considéré comme le chef d'un peuple et d'une religion. Il n'est mort qu'en 1718.

On conserva à ses descendants la propriété et le gouvernement de la Pennsylvanie, et ils vendirent au roi le gouvernement pour douze mille pièces. Les affaires du roi ne lui permirent d'en payer que mille. Un lecteur français croira peut-être que le ministère paya le reste en promesses et s'empara toujours du gouvernement : point du tout; la Couronne n'ayant pu satisfaire dans le temps marqué au paiement de la somme entière, le contrat fut déclaré nul, et la famille de Penn rentra dans ses droits.

Je ne puis deviner quel sera le sort de la religion des quakers en Amérique; mais je vois qu'elle dépérit tous les jours à Londres. Par tout pays, la religion dominante, quand elle ne persécute point, engloutit à la longue toutes les autres. Les quakers ne peuvent être membres du Parlement, ni posséder aucun office, parce qu'il faudrait prêter serment et qu'ils ne veulent point jurer. Ils sont réduits à la nécessité de gagner de l'argent par le commerce; leurs enfants, enrichis par l'industrie de leurs pères, veulent jouir, avoir des honneurs, des boutons et des manchettes; ils sont honteux d'être appelés quakers, et se font protestants pour être à la mode.

CINQUIÈME LETTRE

SUR LA RELIGION ANGLICANE.

C'est ici le pays des sectes. Un Anglais, comme homme libre, va au Ciel par le chemin qui lui plaît.

Cependant, quoique chacun puisse ici servir Dieu à sa mode, leur véritable religion, celle où l'on fait fortune, est la secte des épiscopaux, appelée l'Église anglicane, ou l'Église par excellence. On ne peut avoir d'emploi, ni en Angleterre ni en Irlande, sans être du nombre des fidèles anglicans; cette raison, qui est une excellente preuve, a converti tant de non-conformistes, qu'aujourd'hui il n'y a pas la vingtième partie de la nation qui soit hors du giron de l'Église dominante.

Le clergé anglican a retenu beaucoup des cérémonies catholiques, et surtout celle de recevoir les dîmes avec une attention très scrupuleuse. Ils ont aussi la pieuse ambition d'être les maîtres.

De plus, ils fomentent autant qu'ils peuvent dans leurs ouailles un saint zèle contre les non-conformistes. Ce zèle était assez vif sous le gouvernement des Tories, dans les dernières années de la reine Anne; mais il ne s'étendait pas plus loin qu'à casser quelquefois les vitres des chapelles hérétiques; car la rage des sectes a fini en Angleterre avec les guerres civiles, et ce n'était plus, sous la reine Anne, que les bruits sourds d'une mer encore agitée longtemps après la tempête. Quand les Whigs et les Tories déchirèrent leur pays, comme autrefois les Guelfes et les Gibelins, il fallut bien que la religion entrât dans les partis. Les Tories étaient pour l'Épiscopat; les Whigs le voulaient abolir, mais

CINQUIÈME LETTRE

SUR LA RELIGION ANGLICANE.

C'est ici le pays des sectes. Un Anglais, comme homme libre, va au Ciel par le chemin qui lui plaît.

Cependant, quoique chacun puisse ici servir Dieu à sa mode, leur véritable religion, celle où l'on fait fortune, est la secte des épiscopaux, appelée l'Église anglicane, ou l'Église par excellence. On ne peut avoir d'emploi, ni en Angleterre ni en Irlande, sans être du nombre des fidèles anglicans; cette raison, qui est une excellente preuve, a converti tant de non-conformistes, qu'aujourd'hui il n'y a pas la vingtième partie de la nation qui soit hors du giron de l'Église dominante.

Le clergé anglican a retenu beaucoup des cérémonies catholiques, et surtout celle de recevoir les dîmes avec une attention très scrupuleuse. Ils ont aussi la pieuse ambition d'être les maîtres.

De plus, ils fomentent autant qu'ils peuvent dans leurs ouailles un saint zèle contre les non-conformistes. Ce zèle était assez vif sous le gouvernement des Tories, dans les dernières années de la reine Anne; mais il ne s'étendait pas plus loin qu'à casser quelquefois les vitres des chapelles hérétiques; car la rage des sectes a fini en Angleterre avec les guerres civiles, et ce n'était plus, sous la reine Anne, que les bruits sourds d'une mer encore agitée longtemps après la tempête. Quand les Whigs et les Tories déchirèrent leur pays, comme autrefois les Guelfes et les Gibelins, il fallut bien que la religion entrât dans les partis. Les Tories étaient pour l'Épiscopat; les Whigs le voulaient abolir, mais ils se sont contentés de l'abaisser quand ils ont été les maîtres.

Du temps que le comte Harley d'Oxford et milord Bolingbroke faisaient boire la santé des Tories, l'Église anglicane les regardait comme les défenseurs de ses saints privilèges. L'assemblée du bas clergé, qui est une espèce de Chambre des Communes composée d'ecclésiastiques, avait alors quelque crédit; elle jouissait au moins de la liberté de s'assembler, de raisonner de controverse, et de faire brûler de temps en temps quelques livres impies, c'est-à-dire écrits contre elle. Le ministère, qui est whig aujourd'hui, ne permet pas seulement à ces messieurs de tenir leur assemblée; ils sont réduits, dans l'obscurité de leur paroisse, au triste emploi de prier Dieu pour le gouvernement, qu'ils ne seraient pas fâchés de troubler. Quant aux évêques, qui sont vingt-six en tout, ils ont séance dans la Chambre Haute en dépit des Whigs, parce que le vieil abus de les regarder comme barons subsiste encore; mais ils n'ont pas plus de pouvoir dans la Chambre que les ducs et pairs dans le Parlement de Paris. Il y a une clause dans le serment que l'on prête à l'État, laquelle exerce bien la patience chrétienne de ces messieurs.

On y promet d'être de l'Église, comme elle est établie par la Loi. Il n'y a guère d'évêque, de doyen, d'archiprêtre, qui ne pense être de droit divin; c'est donc un grand sujet de mortification pour eux d'être obligés d'avouer qu'ils tiennent tout d'une misérable loi faite par des profanes laïques. Un religieux (le P. Courayer) a écrit depuis peu un livre pour prouver la validité et la succession des ordinations anglicanes. Cet ouvrage a été proscrit en France; mais croyez-vous qu'il ait plu au ministère d'Angleterre? Point du tout. Ces maudits Whigs se soucient très peu que la succession épiscopale ait été interrompue chez eux ou non, et que l'évêque Parker ait été consacré dans un cabaret (comme on le veut) ou dans une église; ils aiment mieux que les évêques tirent leur autorité du Parlement plutôt que des Apôtres. Le lord B*** dit que cette idée de droit divin ne servirait qu'à faire des tyrans en camail et en rochet, mais que la loi fait des citoyens.

A l'égard des mœurs, le clergé anglican est plus réglé que celui de France, et en voici la cause : tous les ecclésiastiques sont élevés dans l'Université d'Oxford ou dans celle de Cambridge, loin de la corruption de la capitale; ils ne sont appelés aux dignités de l'Église que très tard, et dans un âge où les hommes n'ont d'autres passions que l'avarice, lorsque leur ambition manque d'aliments. Les emplois sont ici la récompense des longs services dans l'Église aussi bien que dans l'Armée; on n'y voit point de jeunes gens évêques ou colonels au sortir du collège. De plus, les prêtres sont presque tous mariés; la mauvaise grâce contractée dans l'Université et le peu de commerce qu'on a ici avec les femmes font que d'ordinaire un évêque est forcé de se contenter de la sienne. Les prêtres vont quelquefois au cabaret, parce que l'usage le leur permet, et s'ils s'enivrent, c'est sérieusement et sans scandale.

Cet être indéfinissable, qui n'est ni ecclésiastique ni séculier, en un mot ce que l'on appelle un abbé, est une espèce inconnue en Angleterre; les ecclésiastiques sont tous ici réservés et presque tous pédants. Quand ils apprennent qu'en France de jeunes gens, connus par leurs débauches et élevés à la prélature par des intrigues de femmes, font publiquement l'amour, s'égaient à composer des chansons tendres, donnent tous les jours des soupers délicats et longs, et de là vont implorer les lumières du Saint-Esprit, et se nomment hardiment les successeurs des Apôtres, ils remercient Dieu d'être protestants. Mais ce sont de vilains hérétiques, à brûler à tous les diables, comme dit maître François Rabelais; c'est pourquoi je ne me mêle de leurs affaires.

SIXIÈME LETTRE

SUR LES PRESBYTÉRIENS.

La religion anglicane ne s'étend qu'en Angleterre et en Irlande. Le presbytéranisme est la religion dominante en Écosse. Ce presbytéranisme n'est autre chose que le calvinisme pur, tel qu'il avait été établi en France et qu'il subsiste à Genève. Comme les prêtres de cette secte ne reçoivent de leurs églises que des gages très médiocres, et que par conséquent, ils ne peuvent vivre dans le même luxe que les évêques, ils ont pris le parti naturel de crier contre des honneurs où ils ne peuvent atteindre. Figurez-vous l'orgueilleux Diogène qui foulait aux pieds l'orgueil de Platon : les presbytériens d'Écosse ne ressemblent pas mal à ce fier et gueux raisonneur. Ils traitèrent le roi Charles II avec bien moins d'égards que Diogène n'avait traité Alexandre. Car lorsqu'ils prirent les armes pour lui contre Cromwell qui les avait trompés, ils firent essuyer à ce pauvre roi quatre sermons par jour; ils lui défendaient de jouer; ils le mettaient en pénitence; si bien que Charles se lassa bientôt d'être roi de ces pédants, et s'échappa de leurs mains comme un écolier se sauve du collège.

Devant un jeune et vif bachelier [français], criaillant le matin dans les écoles de Théologie, et le soir chantant avec les dames, un théologien anglican est un Caton ; mais ce Caton paraît un galant devant un presbytérien d'Écosse. Ce dernier affecte une démarche grave, un air fâché, porte un vaste chapeau, un long manteau par-dessus un habit court, prêche du nez, et donne le nom de la prostituée de Babylone à toutes les églises où quelques ecclésiastiques sont assez heureux pour

SIXIÈME LETTRE

Sur les presbytériens.

La religion anglicane ne s'étend qu'en Angleterre et en Irlande. Le presbytéranisme est la religion dominante en Écosse. Ce presbytéranisme n'est autre chose que le calvinisme pur, tel qu'il avait été établi en France et qu'il subsiste à Genève. Comme les prêtres de cette secte ne reçoivent de leurs églises que des gages très médiocres, et que par conséquent, ils ne peuvent vivre dans le même luxe que les évêques, ils ont pris le parti naturel de crier contre des honneurs où ils ne peuvent atteindre. Figurez-vous l'orgueilleux Diogène qui foulait aux pieds l'orgueil de Platon : les presbytériens d'Écosse ne ressemblent pas mal à ce fier et gueux raisonneur. Ils traitèrent le roi Charles II avec bien moins d'égards que Diogène n'avait traité Alexandre. Car lorsqu'ils prirent les armes pour lui contre Cromwell qui les avait trompés, ils firent essuyer à ce pauvre roi quatre sermons par jour; ils lui défendaient de jouer; ils le mettaient en pénitence; si bien que Charles se lassa bientôt d'être roi de ces pédants, et s'échappa de leurs mains comme un écolier se sauve du collège.

Devant un jeune et vif bachelier [français], criaillant le matin dans les écoles de Théologie, et le soir chantant avec les dames, un théologien anglican est un Caton; mais ce Caton paraît un galant devant un presbytérien d'Écosse. Ce dernier affecte une démarche grave, un air fâché, porte un vaste chapeau, un long manteau par-dessus un habit court, prêche du nez, et donne le nom de la prostituée de Babylone à toutes les églises où quelques ecclésiastiques sont assez heureux pour avoir cinquante mille livres de rente, et où le peuple est assez bon pour le souffrir et pour les appeler Monseigneur, Votre Grandeur, Votre Éminence.

Ces Messieurs, qui ont aussi quelques églises en Angleterre, ont mis les airs graves et sévères à la mode en ce pays. C'est à eux qu'on doit la sanctification du dimanche dans les trois royaumes; il est défendu ce jour-là de travailler et de se divertir, ce qui est le double de la sévérité des églises catholiques; point d'opéra, point de comédies, point de concerts à Londres le dimanche; les cartes même y sont si expressément défendues qu'il n'y a que les personnes de qualité et ce qu'on appelle les honnêtes gens qui jouent ce jour-là. Le reste de la nation va au sermon, au cabaret et chez les filles de joie.

Quoique la secte épiscopale et la presbytérienne soient les deux dominantes dans la Grande-Bretagne, toutes les autres y sont bien venues et vivent assez bien ensemble, pendant que la plupart de leurs prédicants se détestent réciproquement avec presque autant de cordialité qu'un janséniste damne un jésuite.

Entrez dans la Bourse de Londres, cette place plus respectable que bien des cours; vous y voyez rassemblés les députés de toutes les nations pour l'utilité des hommes. Là, le juif, le mahométan et le chrétien traitent l'un avec l'autre comme s'ils étaient de la même religion, et ne donnent le nom d'infidèles qu'à ceux qui font banqueroute; là, le presbytérien se fie à l'anabaptiste, et l'anglican reçoit la promesse du quaker. Au sortir de ces pacifiques et libres assemblées, les uns vont à la synagogue, les autres vont boire; celui-ci va se faire baptiser dans une grande cuve au nom du Père par le Fils au Saint-Esprit; celui-là fait couper le prépuce de son fils et fait marmotter sur l'enfant des paroles hébraïques qu'il n'entend point; ces autres vont dans leur église attendre l'inspiration de Dieu, leur chapeau sur la tête, et tous sont contents.

S'il n'y avait en Angleterre qu'une religion, le despotisme serait à craindre; s'il y en avait deux, elles se couperaient la gorge; mais il y en a trente, et elles vivent en paix et heureuses.

SEPTIÈME LETTRE

SUR LES SOCINIENS, OU ARIENS, OU ANTITRINITAIRES

Il y a ici une petite secte composée d'ecclésiastiques et de quelques séculiers très savants, qui ne prennent ni le nom d'ariens ni celui de sociniens, mais qui ne sont point du tout de l'avis de saint Athanase sur le chapitre de la Trinité, et qui vous disent nettement que le Père est plus grand que le Fils.

Vous souvenez-vous d'un certain évêque orthodoxe qui, pour convaincre un empereur de la consubstantiation, s'avisa de prendre le fils de l'empereur sous le menton, et de lui tirer le nez en présence de sa sacrée Majesté? L'empereur allait se fâcher contre l'évêque, quand le bonhomme lui dit ces belles et convaincantes paroles : « Seigneur, si Votre Majesté est en colère de ce que l'on manque de respect à son Fils, comment pensez-vous que Dieu le Père traitera ceux qui refusent à Jésus-Christ les titres qui lui sont dus? » Les gens dont je vous parle disent que le saint évêque était fort mal avisé, que son argument n'était rien moins que concluant, et que l'empereur devait lui répondre : « Apprenez qu'il y a deux façons de me manquer de respect : la première, de ne rendre pas assez d'honneur à mon Fils ; et la seconde, de lui en rendre autant qu'à moi. »

Quoi qu'il en soit, le parti d'Arius commence à revivre en Angleterre, aussi bien qu'en Hollande et en Pologne. Le grand monsieur Newton faisait à cette opinion l'honneur de la favoriser ; ce philosophe pensait que les unitaires raisonnaient plus géométrique-

SEPTIÈME LETTRE

SUR LES SOCINIENS, OU ARIENS, OU ANTITRINITAIRES.

Il y a ici une petite secte composée d'ecclésiastiques et de quelques séculiers très savants, qui ne prennent ni le nom d'ariens ni celui de sociniens, mais qui ne sont point du tout de l'avis de saint Athanase sur le chapitre de la Trinité, et qui vous disent nettement que le Père est plus grand que le Fils.

Vous souvenez-vous d'un certain évêque orthodoxe qui, pour convaincre un empereur de la consubstantiation, s'avisa de prendre le fils de l'empereur sous le menton, et de lui tirer le nez en présence de sa sacrée Majesté? L'empereur allait se fâcher contre l'évêque, quand le bonhomme lui dit ces belles et convaincantes paroles : « Seigneur, si Votre Majesté est en colère de ce que l'on manque de respect à son Fils, comment pensez-vous que Dieu le Père traitera ceux qui refusent à Jésus-Christ les titres qui lui sont dus? » Les gens dont je vous parle disent que le saint évêque était fort mal avisé, que son argument n'était rien moins que concluant, et que l'empereur devait lui répondre : « Apprenez qu'il y a deux façons de me manquer de respect : la première, de ne rendre pas assez d'honneur à mon Fils; et la seconde, de lui en rendre autant qu'à moi. »

Quoi qu'il en soit, le parti d'Arius commence à revivre en Angleterre, aussi bien qu'en Hollande et en Pologne. Le grand monsieur Newton faisait à cette opinion l'honneur de la favoriser; ce philosophe pensait que les unitaires raisonnaient plus géométriquement que nous. Mais le plus ferme patron de la doctrine arienne est l'illustre docteur Clarke. Cet homme est d'une vertu rigide et d'un caractère doux, plus amateur de ses opinions que passionné pour faire des prosélytes, uniquement occupé de calculs et de démonstrations, une vraie machine à raisonnements.

C'est lui qui est l'auteur d'un livre assez peu entendu, mais estimé, sur l'existence de Dieu, et d'un autre, plus intelligible, mais assez méprisé, sur la vérité de la religion chrétienne.

Il ne s'est point engagé dans de belles disputes scolastiques, que notre ami... appelle de vénérables billevesées; il s'est contenté de faire imprimer un livre qui contient tous les témoignages des premiers siècles pour et contre les unitaires, et a laissé au lecteur le soin de compter les voix et de juger. Ce livre du docteur lui a attiré beaucoup de partisans, mais l'a empêché d'être archevêque de Cantorbéry; je crois que le docteur s'est trompé dans son calcul, et qu'il valait mieux être primat d'Angleterre que curé arien.

Vous voyez quelles révolutions arrivent dans les opinions comme dans les empires. Le parti d'Arius, après trois cents ans de triomphe et douze siècles d'oubli, renaît enfin de sa cendre; mais il prend très mal son temps de reparaître dans un âge où le monde est rassasié de disputes et de sectes. Celle-ci est encore trop petite pour obtenir la liberté des assemblées publiques; elle l'obtiendra sans doute, si elle devient plus nombreuse; mais on est si tiède à présent sur tout cela qu'il n'y a plus guère de fortune à faire pour une religion nouvelle ou renouvelée : n'est-ce pas une chose plaisante que Luther, Calvin, Zwingle, tous écrivains qu'on ne peut lire, aient fondé des sectes qui partagent l'Europe, que l'ignorant Mahomet ait donné une religion à l'Asie et à l'Afrique, et que messieurs Newton, Clarke, Locke, Le Clerc, etc., les plus grands philosophes et les meilleures plumes de leur temps, aient pu à peine venir à bout d'établir un petit troupeau qui même diminue tous les jours?

Voilà ce que c'est que de venir au monde à propos. Si le cardinal de Retz reparaissait aujourd'hui, il n'ameuterait pas dix femmes dans Paris.

Si Cromwell renaissait, lui qui a fait couper la tête à son roi et s'est fait souverain, serait un simple marchand de Londres.

HUITIÈME LETTRE

HUITIÈME LETTRE

SUR LE PARLEMENT.

Les membres du Parlement d'Angleterre aiment à se comparer aux anciens Romains autant qu'ils le peuvent.

Il n'y a pas longtemps que M. Shipping, dans la Chambre des Communes, commença son discours par ces mots : *La majesté du peuple anglais serait blessée*, etc. La singularité de l'expression causa un grand éclat de rire; mais, sans se déconcerter, il répéta les mêmes paroles d'un air ferme, et on ne rit plus. J'avoue que je ne vois rien de commun entre la majesté du peuple anglais et celle du peuple romain, encore moins entre leurs gouvernements. Il y a un sénat à Londres, dont quelques membres sont soupçonnés, quoique à tort sans doute, de vendre leurs voix dans l'occasion, comme on faisait à Rome : voilà toute la ressemblance. D'ailleurs les deux nations me paraissent entièrement différentes, soit en bien, soit en mal. On n'a jamais connu chez les Romains la folie horrible des guerres de religion; cette abomination était réservée à des dévôts prêcheurs d'humilité et de patience. Marius et Sylla, Pompée et César, Antoine et Auguste ne se battaient point pour décider si le *Flamen* devait porter sa chemise par-dessus sa robe, ou sa robe par-dessus sa chemise, et si les poulets sacrés devaient manger et boire, ou bien manger seulement, pour qu'on prît les augures. Les Anglais se sont fait pendre autrefois réciproquement à leurs assises, et se sont détruits en bataille rangée pour des querelles de pareille espèce; la secte des épiscopaux et le presbytéranisme ont tourné pour un temps ces têtes sérieuses. Je m'imagine que pareille sottise ne leur arrivera plus; ils me paraissent devenir sages à leurs dépens, et je ne leur vois nulle envie de s'égorger dorénavant pour des syllogismes.

Voici une différence plus essentielle entre Rome et l'Angleterre, qui met tout l'avantage du côté de la dernière : c'est que le fruit des guerres civiles à Rome a été l'esclavage, et celui des troubles d'Angleterre, la liberté. La nation anglaise est la seule de la terre qui soit parvenue à régler le pouvoir des rois en leur résistant, et qui, d'efforts en efforts, ait enfin établi ce gouvernement sage où le Prince, tout-puissant pour faire du bien, a les mains liées pour faire le mal, où les seigneurs sont grands sans insolence et sans vassaux, et où le peuple partage le gouvernement sans confusion.

La Chambre des Pairs et celle des Communes sont les arbitres de la nation, le Roi est le sur-arbitre. Cette balance manquait aux Romains : les grands et le peuple étaient toujours en division à Rome, sans qu'il y eût un pouvoir mitoyen qui pût les accorder. Le Sénat de Rome, qui avait l'injuste et punissable orgueil de ne vouloir rien partager avec les plébéiens, ne connaissait d'autre secret, pour les éloigner du gouvernement, que de les occuper toujours dans les guerres étrangères. Ils regardaient le peuple comme une bête féroce qu'il fallait lâcher sur leurs voisins de peur qu'elle ne dévorât ses maîtres. Ainsi le plus grand défaut du gouvernement des Romains en fit des conquérants; c'est parce qu'ils étaient malheureux chez eux qu'ils devinrent les maîtres du monde, jusqu'à ce qu'enfin leurs divisions les rendirent esclaves.

Le gouvernement d'Angleterre n'est point fait pour un si grand éclat, ni pour une fin si funeste; son but n'est point la brillante folie de faire des conquêtes, mais d'empêcher que ses voisins n'en fassent. Ce peuple n'est pas seulement jaloux de sa liberté, il l'est encore de celle des autres. Les Anglais étaient acharnés contre Louis XIV, uniquement parce qu'ils lui croyaient de l'ambition. Ils lui ont fait la guerre de gaieté de cœur, assurément sans aucun intérêt.

Il en a coûté sans doute pour établir la liberté en Angleterre; c'est dans des mers de sang qu'on a noyé l'idole du pouvoir despotique; mais les Anglais ne croient point avoir acheté trop cher de bonnes lois. Les autres nations n'ont pas eu moins de troubles, n'ont pas versé moins de sang qu'eux; mais ce sang qu'elles ont répandu pour la cause de leur liberté n'a fait que cimenter leur servitude.

Ce qui devient une révolution en Angleterre n'est qu'une sédition dans les autres pays. Une ville prend les armes pour défendre ses privilèges, soit en Espagne, soit en Barbarie, soit en Turquie : aussitôt des soldats mercenaires la subjuguent, des bourreaux la punissent, et le reste de la nation baise ses chaînes. Les Français pensent que le gouvernement de cette île est plus orageux que la mer qui l'environne, et cela est vrai; mais c'est quand le Roi commence la tempête, c'est quand il veut se rendre le maître du vaisseau dont il n'est que le premier pilote. Les guerres civiles de France ont été plus longues, plus cruelles, plus fécondes en crimes que celles d'Angleterre; mais, de toutes ces guerres civiles, aucune n'a eu une liberté sage pour objet.

Dans les temps détestables de Charles IX et d'Henri III, il s'agissait seulement de savoir si on serait l'esclave des Guises. Pour la dernière guerre de Paris, elle ne mérite que des sifflets; il me semble que je vois des écoliers qui se mutinent contre le préfet d'un collège, et qui finissent par être fouettés; le cardinal de Retz, avec beaucoup d'esprit et de courage mal employés, rebelle sans aucun sujet, factieux sans dessein, chef de parti sans armée, cabalait pour cabaler, et semblait faire la guerre civile pour son plaisir. Le Parlement ne savait ce qu'il voulait, ni ce qu'il ne voulait pas; il levait des troupes par arrêt, il les cassait; il menaçait, il demandait pardon; il mettait à prix la tête du cardinal Mazarin, et ensuite venait le complimenter en cérémonie. Nos guerres civiles sous Charles VI avaient été cruelles, celles de la Ligue furent abominables, celle de la Fronde fut ridicule.

Ce qu'on reproche le plus en France aux Anglais, c'est le supplice de Charles Ier, qui fut traité par ses vainqueurs comme il les eût traités s'il eût été heureux.

Après tout, regardez d'un côté Charles Ier vaincu en bataille rangée, prisonnier, jugé, condamné dans Westminster, et de l'autre l'empereur Henri VII empoisonné par son chapelain en communiant, Henri III assassiné par un moine ministre de la rage de tout un Parti, trente assassinats médités contre Henri IV, plusieurs exécutés, et le dernier privant enfin la France de ce grand roi. Pesez ces attentats, et jugez.

NEUVIÈME LETTRE

SUR LE GOUVERNEMENT.

Ce mélange heureux dans le gouvernement d'Angleterre, ce concert entre les Communes, les Lords et le Roi n'a pas toujours subsisté. L'Angleterre a été longtemps esclave ; elle l'a été des Romains, des Saxons, des Danois, des Français. Guillaume le Conquérant surtout la gouverna avec un sceptre de fer ; il disposait des biens et de la vie de ses nouveaux sujets comme un monarque de l'Orient ; il défendit, sous peine de mort, qu'aucun Anglais osât avoir du feu et de la lumière chez lui, passé huit heures du soir, soit qu'il prétendît par là prévenir leurs assemblées nocturnes, soit qu'il voulût essayer, par une défense si bizarre, jusqu'où peut aller le pouvoir d'un homme sur d'autres hommes.

Il est vrai qu'avant et après Guillaume le Conquérant les Anglais ont eu des parlements ; ils s'en vantent, comme si ces assemblées, appelées alors parlements, composées de tyrans ecclésiastiques et de pillards nommés barons, avaient été les gardiens de la liberté et de la félicité publique.

Les Barbares, qui des bords de la mer Baltique fondaient dans le reste de l'Europe, apportèrent avec eux l'usage de ces états ou parlements, dont on a fait tant de bruit et qu'on connaît si peu. Les rois alors n'étaient point despotiques, cela est vrai ; mais les peuples n'en gémissaient que plus dans une servitude misérable. Les chefs de ces sauvages qui avaient ravagé la France, l'Italie, l'Espagne, l'Angleterre se firent monarques ; leurs capitaines partagèrent entre eux les terres des vaincus. De là ces margraves, ces lairds, ces

NEUVIÈME LETTRE

SUR LE GOUVERNEMENT.

Ce mélange heureux dans le gouvernement d'Angleterre, ce concert entre les Communes, les Lords et le Roi n'a pas toujours subsisté. L'Angleterre a été longtemps esclave; elle l'a été des Romains, des Saxons, des Danois, des Français. Guillaume le Conquérant surtout la gouverna avec un sceptre de fer; il disposait des biens et de la vie de ses nouveaux sujets comme un monarque de l'Orient; il défendit, sous peine de mort, qu'aucun Anglais osât avoir du feu et de la lumière chez lui, passé huit heures du soir, soit qu'il prétendît par là prévenir leurs assemblées nocturnes, soit qu'il voulût essayer, par une défense si bizarre, jusqu'où peut aller le pouvoir d'un homme sur d'autres hommes.

Il est vrai qu'avant et après Guillaume le Conquérant les Anglais ont eu des parlements; ils s'en vantent, comme si ces assemblées, appelées alors parlements, composées de tyrans ecclésiastiques et de pillards nommés barons, avaient été les gardiens de la liberté et de la félicité publique.

Les Barbares, qui des bords de la mer Baltique fondaient dans le reste de l'Europe, apportèrent avec eux l'usage de ces états ou parlements, dont on a fait tant de bruit et qu'on connaît si peu. Les rois alors n'étaient point despotiques, cela est vrai; mais les peuples n'en gémissaient que plus dans une servitude misérable. Les chefs de ces sauvages qui avaient ravagé la France, l'Italie, l'Espagne, l'Angleterre se firent monarques; leurs capitaines partagèrent entre eux les terres des vaincus. De là ces margraves, ces lairds, ces barons, ces sous-tyrans qui disputaient souvent avec leur roi les dépouilles des peuples. C'étaient des oiseaux de proie combattant contre un aigle pour sucer le sang des colombes; chaque peuple avait cent tyrans au lieu d'un maître. Les prêtres se mirent bientôt de la partie. De tout temps, le sort des Gaulois, des Germains, des insulaires d'Angleterre avait été d'être gouvernés par leurs druides et par les chefs de leurs villages, ancienne espèce de barons, mais moins tyrans que leurs successeurs. Ces druides se disaient médiateurs entre la divinité et les hommes; ils faisaient des lois, ils excommuniaient, ils condamnaient à la mort. Les évêques succédèrent peu à peu à leur autorité temporelle dans le gouvernement goth et vandale. Les papes se mirent à leur tête, et, avec des brefs, des bulles, et des moines, firent trembler les rois, les déposèrent, les firent assassiner, et tirèrent à eux tout l'argent qu'ils purent de l'Europe. L'imbécile Inas, l'un des tyrans de l'heptarchie d'Angleterre, fut le premier qui, dans un pèlerinage à Rome, se soumit à payer le denier de Saint-Pierre (ce qui était environ un écu de notre monnaie) pour chaque maison de son territoire. Toute l'Ile suivit bientôt cet exemple. L'Angleterre devint petit à petit une province du pape; le Saint-Père y envoyait de temps en temps ses légats, pour y lever des impôts exorbitants. Jean sans Terre fit enfin une cession en bonne forme de son royaume à Sa Sainteté, qui l'avait excommunié; et les barons, qui n'y trouvèrent pas leur compte, chassèrent ce misérable roi; ils mirent à sa place Louis VIII, père de saint Louis, roi de France; mais ils se dégoûtèrent bientôt de ce nouveau venu, et lui firent repasser la mer.

Tandis que les barons, les évêques, les papes déchiraient ainsi l'Angleterre, où tous voulaient commander le peuple, la plus nombreuse, la plus vertueuse même et par conséquent la plus respectable partie des hommes, composée de ceux qui étudient les lois et les sciences, des négociants, des artisans, en un mot de tout ce qui n'était point tyran, le peuple, dis-je, était regardé par eux comme des animaux au-dessous de l'homme. Il s'en fallait bien que les communes eussent alors part au gouvernement; c'étaient des vilains : leur travail, leur sang appartenaient à leurs maîtres, qui s'appelaient nobles. Le plus grand nombre des hommes étaient en Europe ce qu'ils sont encore en plusieurs endroits du Nord, serfs d'un seigneur, espèce de bétail qu'on vend et qu'on achète avec la terre. Il a fallu des siècles pour rendre justice à l'humanité, pour sentir qu'il était horrible que le grand nombre semât et que le petit nombre recueillît; et n'est-ce pas un bonheur pour le genre humain que l'autorité de ces petits brigands ait été éteinte en France par la puissance légitime de nos rois, et en Angleterre par la puissance légitime des rois et du peuple?

Heureusement, dans les secousses que les querelles des rois et des grands donnaient aux empires, les fers des nations se sont plus ou moins relâchés; la liberté est née en Angleterre des querelles des tyrans. Les barons forcèrent Jean sans Terre et Henri III à accorder cette fameuse charte, dont le principal but était, à la vérité, de mettre les rois dans la dépendance des lords, mais dans laquelle le reste de la nation fut un peu favorisé, afin que, dans l'occasion, elle se rangeât du parti de ses prétendus protecteurs. Cette Grande Charte, qui est regardée comme l'origine sacrée des libertés anglaises, fait bien voir elle-même combien peu la liberté était connue. Le titre seul prouve que le roi se croyait absolu de droit, et que les barons et le clergé même ne le forçaient à se relâcher de ce droit prétendu que parce qu'ils étaient les plus forts.

Voici comme commence la Grande Charte : « Nous accordons de notre libre volonté les privilèges suivants aux archevêques, évêques, abbés, prieurs et barons de notre royaume, etc. »

Dans les articles de cette charte il n'est pas dit un mot de la Chambre des Communes, preuve qu'elle n'existait pas encore, ou qu'elle existait sans pouvoir. On y spécifie les hommes libres d'Angleterre : triste démonstration qu'il y en avait qui ne l'étaient pas. On voit, par l'article 32, que ces hommes prétendus libres devaient des services à leur seigneur. Une telle liberté tenait encore beaucoup de l'esclavage.

Par l'article 21, le roi ordonne que ses officiers ne pourront dorénavant prendre de force les chevaux et les charrettes des hommes libres qu'en payant, et ce règlement parut au peuple une vraie liberté, parce qu'il ôtait une plus grande tyrannie.

Henri VII, usurpateur heureux et grand politique, qui faisait semblant d'aimer les barons, mais qui les haïssait et les craignait, s'avisa de procurer l'aliénation de leurs terres. Par là, les vilains, qui, dans la suite, acquirent du bien par leurs travaux, achetèrent les châteaux des illustres pairs qui s'étaient ruinés par leurs folies. Peu à peu toutes les terres changèrent de maîtres.

La Chambre des Communes devint de jour en jour plus puissante. Les familles des anciens pairs s'éteignirent avec le temps; et, comme il n'y a proprement que les pairs qui soient nobles en Angleterre dans la rigueur de la Loi, il n'y aurait plus du tout de noblesse en ce pays-là, si les rois n'avaient pas créé de nouveaux barons de temps en temps, et conservé l'ordre des pairs, qu'ils avaient tant craint autrefois, pour l'opposer à celui des Communes, devenu trop redoutable.

Tous ces nouveaux pairs, qui composent la Chambre haute, reçoivent du roi leur titre et rien de plus; presque aucun d'eux n'a la terre dont il porte le nom. L'un est duc de Dorset, et n'a pas un pouce de terre en Dorsetshire; l'autre est comte d'un village, qui sait à peine où ce village est situé. Ils ont du pouvoir dans le Parlement, non ailleurs.

Vous n'entendez point ici parler de haute, moyenne et basse justice, ni du droit de chasser sur les terres d'un citoyen, lequel n'a pas la liberté de tirer un coup de fusil sur son propre champ.

Un homme, parce qu'il est noble ou parce qu'il est prêtre, n'est point ici exempt de payer certaines taxes; tous les impôts sont réglés par la Chambre des Communes, qui, n'étant que la seconde par son rang, est la première par son crédit.

Les seigneurs et les évêques peuvent bien rejeter le bill des Communes pour les taxes; mais il ne leur est pas permis d'y rien changer; il faut ou qu'ils le reçoivent ou qu'ils le rejettent sans restriction. Quand le bill est confirmé par les lords et approuvé par le roi, alors tout le monde paie. Chacun donne, non selon sa qualité (ce qui est absurde), mais selon son revenu; il n'y a point de taille ni de capitation arbitraire, mais une taxe réelle sur les terres. Elles ont toutes été *évaluées* sous le fameux roi Guillaume III, et mises au-dessous de leur prix.

La taxe subsiste toujours la même, quoique les revenus des terres aient augmenté; ainsi personne n'est foulé, et personne ne se plaint. Le paysan n'a point les pieds meurtris par des sabots, il mange du pain blanc, il est bien vêtu, il ne craint point d'augmenter le nombre de ses bestiaux ni de couvrir son toit de tuiles, de peur que l'on ne hausse ses impôts l'année d'après. Il y a ici beaucoup de paysans qui ont environ deux cent mille francs de bien, et qui ne dédaignent pas de continuer à cultiver la terre qui les a enrichis, et dans laquelle ils vivent libres.

DIXIÈME LETTRE

DIXIÈME LETTRE

SUR LE COMMERCE.

Le commerce, qui a enrichi les citoyens en Angleterre, a contribué à les rendre libres, et cette liberté a étendu le commerce à son tour; de là s'est formée la grandeur de l'État. C'est le commerce qui a établi peu à peu les forces navales par qui les Anglais sont les maîtres des mers. Ils ont à présent près de deux cents vaisseaux de guerre. La postérité apprendra peut-être avec surprise qu'une petite île, qui n'a de soi-même qu'un peu de plomb, de l'étain, de la terre à foulon et de la laine grossière, est devenue par son commerce assez puissante pour envoyer, en 1723, trois flottes à la fois en trois extrémités du monde, l'une devant Gibraltar, conquise et conservée par ses armes, l'autre à Porto-Bello, pour ôter au roi d'Espagne la jouissance des trésors des Indes, et la troisième dans la mer Baltique, pour empêcher les puissances du Nord de se battre.

Quand Louis XIV faisait trembler l'Italie, et que ses armées déjà maîtresses de la Savoie et du Piémont, étaient prêtes de prendre Turin, il fallut que le prince Eugène marchât du fond de l'Allemagne au secours du duc de Savoie; il n'avait point d'argent, sans quoi on ne prend ni ne défend les villes; il eut recours à des marchands anglais; en une demi-heure de temps, on lui prêta cinquante millions. Avec cela il délivra Turin, battit les Français, et écrivit à ceux qui avaient prêté cette somme ce petit billet : « Messieurs, j'ai reçu votre argent, et je me flatte de l'avoir employé à votre satisfaction. »

Tout cela donne un juste orgueil à un marchand anglais, et fait qu'il ose se comparer, non sans quelque raison, à un citoyen romain. Aussi le cadet d'un pair du royaume ne dédaigne point le négoce. Milord Townshend, ministre d'État, a un frère qui se contente d'être marchand dans la Cité. Dans le temps que milord Oxford gouvernait l'Angleterre, son cadet était facteur à Alep, d'où il ne voulut pas revenir, et où il est mort.

Cette coutume, qui pourtant commence trop à se passer, paraît monstrueuse à des Allemands entêtés de leurs *quartiers;* ils ne sauraient concevoir que le fils d'un pair d'Angleterre ne soit qu'un riche et puissant bourgeois, au lieu qu'en Allemagne tout est prince; on a vu jusqu'à trente altesses du même nom n'ayant pour tout bien que des armoiries et de l'orgueil.

En France est marquis qui veut; et quiconque arrive à Paris du fond d'une province avec de l'argent à dépenser et un nom en *Ac* ou en *Ille*, peut dire « un homme comme moi, un homme de ma qualité, » et mépriser souverainement un négociant; le négociant entend lui-même parler si souvent avec mépris de sa profession, qu'il est assez sot pour en rougir. Je ne sais pourtant lequel est le plus utile à un État, ou un seigneur bien poudré qui sait précisément à quelle heure le Roi se lève, à quelle heure il se couche, et qui se donne des airs de grandeur en jouant le rôle d'esclave dans l'antichambre d'un ministre, ou un négociant qui enrichit son pays, donne de son cabinet des ordres à Surate et au Caire, et contribue au bonheur du monde.

ONZIÈME LETTRE

SUR L'INSERTION DE LA PETITE VÉROLE

On dit doucement, dans l'Europe chrétienne, que les Anglais sont des fous et des enragés : des fous, parce qu'ils donnent la petite vérole à leurs enfants, pour les empêcher de l'avoir ; des enragés, parce qu'ils communiquent de gaieté de cœur à ces enfants une maladie certaine et affreuse, dans la vue de prévenir un mal incertain. Les Anglais, de leur côté, disent : « Les autres Européens sont des lâches et des dénaturés : ils sont lâches, en ce qu'ils craignent de faire un peu de mal à leurs enfants ; dénaturés, en ce qu'ils les exposent à mourir un jour de la petite vérole. » Pour juger qui a raison dans cette dispute, voici l'histoire de cette fameuse insertion, dont on parle hors d'Angleterre avec tant d'effroi.

Les femmes de Circassie sont, de temps immémorial, dans l'usage de donner la petite vérole à leurs enfants, même à l'âge de six mois, en leur faisant une incision au bras, et en insérant dans cette incision une pustule qu'elles ont soigneusement enlevée du corps d'un autre enfant. Cette pustule fait, dans le bras où elle est insinuée, l'effet du levain dans un morceau de pâte ; elle y fermente, et répand dans la masse du sang les qualités dont elle est empreinte. Les boutons de l'enfant à qui l'on a donné cette petite vérole artificielle servent à porter la même maladie à d'autres. C'est une circulation presque continuelle en Circassie ; et quand malheureusement il n'y a point de petite vérole dans le pays, on est aussi embarrassé qu'on l'est ailleurs dans une mauvaise année.

ONZIÈME LETTRE

SUR L'INSERTION DE LA PETITE VÉROLE.

On dit doucement, dans l'Europe chrétienne, que les Anglais sont des fous et des enragés : des fous, parce qu'ils donnent la petite vérole à leurs enfants, pour les empêcher de l'avoir; des enragés, parce qu'ils communiquent de gaieté de cœur à ces enfants une maladie certaine et affreuse, dans la vue de prévenir un mal incertain. Les Anglais, de leur côté, disent : « Les autres Européens sont des lâches et des dénaturés : ils sont lâches, en ce qu'ils craignent de faire un peu de mal à leurs enfants; dénaturés, en ce qu'ils les exposent à mourir un jour de la petite vérole. » Pour juger qui a raison dans cette dispute, voici l'histoire de cette fameuse insertion, dont on parle hors d'Angleterre avec tant d'effroi.

Les femmes de Circassie sont, de temps immémorial, dans l'usage de donner la petite vérole à leurs enfants, même à l'âge de six mois, en leur faisant une incision au bras, et en insérant dans cette incision une pustule qu'elles ont soigneusement enlevée du corps d'un autre enfant. Cette pustule fait, dans le bras où elle est insinuée, l'effet du levain dans un morceau de pâte; elle y fermente, et répand dans la masse du sang les qualités dont elle est empreinte. Les boutons de l'enfant à qui l'on a donné cette petite vérole artificielle servent à porter la même maladie à d'autres. C'est une circulation presque continuelle en Circassie; et quand malheureusement il n'y a point de petite vérole dans le pays, on est aussi embarrassé qu'on l'est ailleurs dans une mauvaise année.

Ce qui a introduit en Circassie cette coutume, qui paraît si étrange à d'autres peuples, est pourtant une cause commune à toute la terre : c'est la tendresse maternelle et l'intérêt.

Les Circassiens sont pauvres et leurs filles sont belles; aussi ce sont elles dont ils font le plus de trafic. Ils fournissent de beautés les harems du Grand Seigneur, du Sophi de Perse, et de ceux qui sont assez riches pour acheter et pour entretenir cette marchandise précieuse. Ils élèvent ces filles en tout bien et en tout honneur à former des danses pleines de lascivité et de mollesse, à rallumer par tous les artifices les plus voluptueux le goût des maîtres dédaigneux à qui elles sont destinées : ces pauvres créatures répètent tous les jours leur leçon avec leur mère, comme nos petites filles répètent leur catéchisme, sans y rien comprendre.

Or, il arrivait souvent qu'un père et une mère, après avoir bien pris des peines pour donner une bonne éducation à leurs enfants, se voyaient tout d'un coup frustrés de leur espérance. La petite vérole se mettait dans la famille; une fille en mourait, une autre perdait un œil, une troisième relevait avec un gros nez; et les pauvres gens étaient ruinés sans ressource. Souvent même, quand la petite vérole devenait épidémique, le commerce était interrompu pour plusieurs années, ce qui causait une notable diminution dans les sérails de Perse et de Turquie.

Une nation commerçante est toujours fort alerte sur ses intérêts, et ne néglige rien des connaissances qui peuvent être utiles à son négoce. Les Circassiens s'aperçurent que, sur mille personnes, il s'en trouvait à peine une seule qui fût attaquée deux fois d'une petite vérole bien complète; qu'à la vérité on essuie quelquefois trois ou quatre petites véroles légères, mais jamais deux qui soient décidées et dangereuses; qu'en un mot jamais on n'a véritablement cette maladie deux fois en sa vie. Ils remarquèrent encore que, quand les petites véroles sont très bénignes et que leur éruption ne trouve à percer qu'une peau délicate et fine, elles ne laissent aucune impression sur le visage. De ces observations naturelles ils conclurent que si un enfant de six mois ou d'un an avait une petite vérole bénigne, il n'en mourrait pas, il n'en serait pas marqué, et serait quitte de cette maladie pour le reste de ses jours.

Il restait donc, pour conserver la vie et la beauté de leurs enfants, de leur donner la petite vérole de bonne heure; c'est ce que l'on fit, en insérant dans le corps d'un enfant un bouton que l'on prit de la petite vérole la plus complète et en même temps la plus favorable qu'on pût trouver. L'expérience ne pouvait pas manquer de réussir. Les Turcs, qui sont gens sensés, adoptèrent bientôt après cette coutume, et aujourd'hui il n'y a point de Bacha, dans Constantinople, qui ne donne la petite vérole à son fils et à sa fille en les faisant sevrer.

Il y a quelques gens qui prétendent que les Circassiens prirent autrefois cette coutume des Arabes; mais nous laissons ce point d'histoire à éclaircir par quelque savant bénédictin, qui ne manquera pas de composer là-dessus plusieurs volumes in-folio avec les preuves. Tout ce que j'ai à dire sur cette matière, c'est que, dans le commencement du règne de Georges premier, Mme de Wortley-Montaigu, une des femmes d'Angleterre qui a le plus d'esprit et le plus de force dans l'esprit, étant avec son mari en ambassade à Constantinople, s'avisa de donner sans scrupule la petite vérole à un enfant dont elle était accouchée en ce pays. Son chapelain eut beau lui dire que cette expérience n'était pas chrétienne, et ne pouvait réussir que chez des infidèles, le fils de Mme Wortley s'en trouva à merveille. Cette dame, de retour à Londres, fit part de son expérience à la princesse de Galles, qui est aujourd'hui reine. Il faut avouer que, titres et couronnes à part, cette princesse est née pour encourager tous les arts et pour faire du bien aux hommes; c'est un philosophe aimable sur le trône; elle n'a jamais perdu ni une occasion de s'instruire, ni une occasion d'exercer sa générosité; c'est elle qui, ayant entendu dire qu'une fille de Milton vivait encore, et vivait dans la misère, lui envoya sur-le-champ un présent considérable; c'est elle qui protège ce pauvre père Courayer; c'est elle qui daigna être la médiatrice entre le docteur Clarke et M. Leibnitz. Dès qu'elle eut entendu parler de l'inoculation ou insertion de la petite vérole, elle en fit faire l'épreuve sur quatre criminels condamnés à mort, à qui elle sauva doublement la vie; car non seulement elle les tira de la potence, mais, à la faveur de cette petite vérole artificielle, elle prévint la naturelle, qu'ils auraient probablement eue, et dont ils seraient morts peut-être dans un âge plus avancé.

La princesse, assurée de l'utilité de cette épreuve, fit inoculer ses enfants : l'Angleterre suivit son exemple, et, depuis ce temps, dix mille enfants de famille au moins doivent ainsi la vie à la reine et à Mme Wortley-Montaigu, et autant de filles leur doivent leur beauté.

Sur cent personnes dans le monde, soixante au moins ont la petite vérole; de ces soixante, vingt en meurent dans les années les plus favorables et vingt en conservent pour toujours de fâcheux restes : voilà donc la cinquième partie des hommes que cette maladie tue ou enlaidit sûrement. De tous ceux qui sont inoculés en Turquie ou en Angleterre, aucun ne meurt, s'il n'est infirme et condamné à mort d'ailleurs; personne n'est marqué; aucun n'a la petite vérole une seconde fois, supposé que l'inoculation ait été parfaite. Il est donc certain que si quelque ambassadrice française avait rapporté ce secret de Constantinople à Paris, elle aurait rendu un service éternel à la nation; le duc de Villequier, père du duc d'Aumont d'aujourd'hui, l'homme de France le mieux constitué et le plus sain, ne serait pas mort à la fleur de son âge.

Le prince de Soubise, qui avait la santé la plus brillante, n'aurait pas été emporté à l'âge de vingt-cinq ans; Monseigneur, grand-père de Louis XV, n'aurait pas été enterré dans sa cinquantième année; vingt mille personnes, mortes à Paris de la petite vérole en 1723, vivraient encore. Quoi donc! Est-ce que les Français n'aiment point la vie? Est-ce que leurs femmes ne se soucient point de leur beauté? En vérité, nous sommes d'étranges gens! Peut-être dans dix ans prendra-t-on cette méthode anglaise, si les curés et les médecins le permettent; ou bien les Français, dans trois mois, se serviront de l'inoculation par fantaisie, si les Anglais s'en dégoûtent par inconstance.

J'apprends que depuis cent ans les Chinois sont dans cet usage; c'est un grand préjugé que l'exemple d'une nation qui passe pour être la plus sage et la mieux policée de l'univers. Il est vrai que les Chinois s'y prennent d'une façon différente; ils ne font point d'incision; ils font prendre la petite vérole par le nez, comme du tabac en poudre; cette façon est plus agréable, mais elle revient au même, et sert également à confirmer que, si on avait pratiqué l'inoculation en France, on aurait sauvé la vie à des milliers d'hommes.

DOUZIÈME LETTRE

DOUZIÈME LETTRE

SUR LE CHANCELIER BACON.

Il n'y a pas longtemps que l'on agitait, dans une compagnie célèbre, cette question usée et frivole, quel était le plus grand homme, de César, d'Alexandre, de Tamerlan, de Cromwell, etc.

Quelqu'un répondit que c'était sans contredit Isaac Newton. Cet homme avait raison; car si la vraie grandeur consiste à avoir reçu du Ciel un puissant génie, et à s'en être servi pour s'éclairer soi-même et les autres, un homme comme monsieur Newton, tel qu'il s'en trouve à peine en dix siècles, est véritablement le grand homme; et ces politiques et ces conquérants, dont aucun siècle n'a manqué, ne sont d'ordinaire que d'illustres méchants. C'est à celui qui domine sur les esprits par la force de la vérité, non à ceux qui font des esclaves par la violence, c'est à celui qui connaît l'univers, non à ceux qui le défigurent, que nous devons nos respects.

Puis donc que vous exigez que je vous parle des hommes célèbres qu'a portés l'Angleterre, je commencerai par les Bacon, les Locke, les Newton, etc. Les généraux et les ministres viendront à leur tour.

Il faut commencer par le fameux comte de Verulam, connu en Europe sous le nom de Bacon, qui était son nom de famille. Il était fils d'un garde des Sceaux, et fut longtemps chancelier sous le roi Jacques premier. Cependant, au milieu des intrigues de la cour et des occupations de sa charge, qui demandaient un homme tout entier, il trouva le temps d'être grand philosophe, bon historien et écrivain élégant; et ce qui est encore plus étonnant, c'est qu'il vivait dans un siècle où l'on ne connaissait guère l'art de bien écrire, encore moins la bonne philosophie. Il a été, comme c'est l'usage parmi les hommes, plus estimé après sa mort que de son vivant : ses ennemis étaient à la cour de Londres; ses admirateurs étaient dans toute l'Europe.

Lorsque le marquis d'Effiat amena en Angleterre la princesse Marie, fille de Henri le Grand, qui devait épouser le prince de Galles, ce ministre alla visiter Bacon, qui, alors étant malade au lit, le reçut les rideaux fermés. « Vous ressemblez aux anges, lui dit d'Effiat; on entend toujours parler d'eux, on les croit bien supérieurs aux hommes, et on n'a jamais la consolation de les voir. »

Vous savez, Monsieur, comment Bacon fut accusé d'un crime qui n'est guère d'un philosophe, de s'être laissé corrompre par argent; vous savez comment il fut condamné par la Chambre des Pairs à une amende d'environ quatre cent mille livres de notre monnaie, à perdre sa dignité de chancelier et de pair.

Aujourd'hui, les Anglais révèrent sa mémoire au point qu'ils ne veulent point avouer qu'il ait été coupable. Si vous me demandez ce que j'en pense, je me servirai, pour vous répondre, d'un mot que j'ai ouï dire à milord Bolingbroke. On parlait, en sa présence, de l'avarice dont le duc de Marlborough avait été accusé, et on en citait des traits sur lesquels on appelait au témoignage de milord Bolingbroke, qui, ayant été son ennemi déclaré, pouvait peut-être avec bienséance dire ce qui en était. « C'était un si grand homme, répondit-il, que j'ai oublié ses vices. »

Je me bornerai donc à vous parler de ce qui a mérité au chancelier Bacon l'estime de l'Europe.

Le plus singulier et le meilleur de ses ouvrages est celui qui est aujourd'hui le moins lu et le plus inutile : je veux parler de son *Novum scientiarum organum.* C'est l'échafaud avec lequel on a bâti la nouvelle philosophie; et, quand cet édifice a été élevé au moins en partie, l'échafaud n'a plus été d'aucun usage.

Le chancelier Bacon ne connaissait pas encore la nature; mais il savait et indiquait tous les chemins qui mènent à elle. Il avait méprisé de bonne heure ce que les universités appelaient la philosophie; et il faisait tout ce qui dépendait de lui, afin que ces compagnies, instituées pour la perfection de la raison humaine, ne continuassent pas de la gâter par leurs *quiddités*, leur *horreur du vide*, leurs *formes substantielles* et tous les mots impertinents que non seulement l'ignorance rendait respectables, mais qu'un mélange ridicule avec la religion avait rendus presque sacrés.

Il est le père de la philosophie expérimentale. Il est bien vrai qu'avant lui on avait découvert des secrets étonnants. On avait inventé la boussole, l'imprimerie, la gravure des estampes, la peinture à l'huile, les glaces, l'art de rendre en quelque façon la vue aux vieillards par les lunettes qu'on appelle bésicles, la poudre à canon, etc. On avait cherché, trouvé et conquis un nouveau monde. Qui ne croirait que ces sublimes découvertes eussent été faites par les plus grands philosophes, et dans des temps bien plus éclairés que le nôtre? Point du tout : c'est dans le temps de la plus stupide barbarie que ces grands changements ont été faits sur la terre : le hasard seul a produit presque toutes ces inventions, et il y a même bien de l'apparence que ce qu'on appelle hasard a eu grande part dans la découverte de l'Amérique; du moins a-t-on toujours cru que Christophe Colomb n'entreprit son voyage que sur la foi d'un capitaine de vaisseau qu'une tempête avait jeté jusqu'à la hauteur des îles Caraïbes.

Quoi qu'il en soit, les hommes savaient aller au bout du monde, ils savaient détruire des villes avec un tonnerre artificiel plus terrible que le tonnerre véritable; mais ils ne connaissaient pas la circulation du sang, la pesanteur de l'air, les lois du mouvement, la lumière, le nombre de nos planètes, etc., et un homme qui soutenait une thèse sur les catégories d'Aristote, sur l'universel *a parte rei* ou telle autre sottise, était regardé comme un prodige.

Les inventions les plus étonnantes et les plus utiles ne sont pas celles qui font le plus d'honneur à l'esprit humain.

C'est à un instinct mécanique, qui est chez la plupart des hommes, que nous devons tous les arts, et nullement à la saine philosophie.

La découverte du feu, l'art de faire du pain, de fondre et de préparer les métaux, de bâtir des maisons, l'invention de la navette, sont d'une tout autre nécessité que l'imprimerie et la boussole; cependant ces arts furent inventés par des hommes encore sauvages.

Quel prodigieux usage les Grecs et les Romains ne firent-ils pas depuis des mécaniques? Cependant on croyait de leur temps qu'il y avait des cieux de cristal, et que les étoiles étaient de petites lampes qui tombaient quelquefois dans la mer; et un de leurs grands philosophes, après bien des recherches, avait trouvé que les astres étaient des cailloux qui s'étaient détachés de la terre.

En un mot, personne avant le chancelier Bacon n'avait connu la philosophie expérimentale; et de toutes les épreuves physiques qu'on a faites depuis lui, il n'y en a presque pas une qui ne soit indiquée dans son livre. Il en avait fait lui-même plusieurs; il fit des espèces de machines pneumatiques, par lesquelles il devina l'élasticité de l'air; il a tourné tout autour de la découverte de sa pesanteur; il y touchait; cette vérité fut saisie par Torricelli. Peu de temps après, la physique expérimentale commença tout d'un coup à être cultivée à la fois dans presque toutes les parties de l'Europe. C'était un trésor caché dont Bacon s'était douté, et que tous les philosophes, encouragés par sa promesse, s'efforcèrent de déterrer.

Mais ce qui m'a le plus surpris, ç'a été de voir dans son livre, en termes exprès, cette attraction nouvelle dont monsieur Newton passe pour l'inventeur.

« Il faut chercher, dit Bacon, s'il n'y aurait point une espèce de force magnétique qui opère entre la terre et les choses pesantes, entre la Lune et l'Océan, entre les Planètes, etc. »

En un autre endroit, il dit : « Il faut ou que les corps graves soient portés vers le centre de la terre ou qu'ils en soient mutuellement attirés, et, en ce dernier cas, il est évident que plus les corps, en tombant, s'approcheront de la terre, plus fortement ils s'attireront. Il faut, poursuit-il, expérimenter si la même horloge à poids ira plus vite sur le haut d'une montagne ou au fond d'une mine; si la force des poids diminue sur la montagne et augmente dans la mine, il y a apparence que la terre a une vraie attraction. »

Ce précurseur de la philosophie a été aussi un écrivain élégant, un historien, un bel esprit.

Ses *Essais de morale* sont très estimés; mais ils sont faits pour instruire plutôt que pour plaire; et, n'étant ni la satire de la nature humaine comme les *Maximes* de M. de La Rochefoucauld, ni l'école du scepticisme comme Montaigne, ils sont moins lus que ces deux livres ingénieux.

Son *Histoire de Henri VII* a passé pour un chef-d'œuvre; mais je serais fort trompé si elle pouvait être comparée à l'ouvrage de notre illustre de Thou.

En parlant de ce fameux imposteur Parkins, juif de naissance, qui prit si hardiment le nom de Richard IV, roi d'Angleterre, encouragé par la duchesse de Bourgogne, et qui disputa la couronne à Henri VII, voici comme le chancelier Bacon s'exprime :

« Environ ce temps, le roi Henri fut obsédé d'esprits malins par la magie de la duchesse de Bourgogne, qui évoqua des enfers l'ombre d'Édouard IV pour venir tourmenter le roi Henri. Quand la duchesse de Bourgogne eut instruit Parkins, elle commença à délibérer par quelle région du Ciel elle ferait paraître cette comète, et elle résolut qu'elle éclaterait d'abord sur l'horizon de l'Irlande. »

Il me semble que notre sage de Thou ne donne guère dans ce phébus, qu'on prenait autrefois pour du sublime, mais qu'à présent on nomme avec raison galimatias.

TREIZIÈME LETTRE

SUR M. LOCKE.

Jamais il ne fut peut-être un esprit plus sage, plus méthodique, un logicien plus exact que M. Locke; cependant il n'était pas grand mathématicien. Il n'avait jamais pu se soumettre à la fatigue des calculs ni à la sécheresse des vérités mathématiques, qui ne présente d'abord rien de sensible à l'esprit; et personne n'a mieux prouvé que lui qu'on pouvait avoir l'esprit géomètre sans le secours de la géométrie. Avant lui, de grands philosophes avaient décidé positivement ce que c'est que l'âme de l'homme; mais, puisqu'ils n'en savaient rien du tout, il est bien juste qu'ils aient tous été d'avis différents.

Dans la Grèce, berceau des arts et des erreurs, et où l'on poussa si loin la grandeur et la sottise de l'esprit humain, on raisonnait comme chez nous sur l'âme.

Le divin Anaxagoras, à qui on dressa un autel pour avoir appris aux hommes que le Soleil était plus grand que le Péloponnèse, que la neige était noire et que les cieux étaient de pierre, affirma que l'âme était un esprit aérien, mais cependant immortel.

Diogène, un autre que celui qui devint cynique après avoir été faux-monnayeur, assurait que l'âme était une portion de la substance même de Dieu; et cette idée au moins était brillante.

Épicure la composait de parties comme le corps.

Aristote, qu'on a expliqué de mille façons, parce qu'il était inintelligible, croyait, si l'on s'en rapporte à quelques-uns de ses disciples, que l'entendement de tous les hommes était une seule et même substance.

TREIZIÈME LETTRE

SUR M. LOCKE.

Jamais il ne fut peut-être un esprit plus sage, plus méthodique, un logicien plus exact que M. Locke; cependant il n'était pas grand mathématicien. Il n'avait jamais pu se soumettre à la fatigue des calculs ni à la sécheresse des vérités mathématiques, qui ne présente d'abord rien de sensible à l'esprit; et personne n'a mieux prouvé que lui qu'on pouvait avoir l'esprit géomètre sans le secours de la géométrie. Avant lui, de grands philosophes avaient décidé positivement ce que c'est que l'âme de l'homme; mais, puisqu'ils n'en savaient rien du tout, il est bien juste qu'ils aient tous été d'avis différents.

Dans la Grèce, berceau des arts et des erreurs, et où l'on poussa si loin la grandeur et la sottise de l'esprit humain, on raisonnait comme chez nous sur l'âme.

Le divin Anaxagoras, à qui on dressa un autel pour avoir appris aux hommes que le Soleil était plus grand que le Péloponnèse, que la neige était noire et que les cieux étaient de pierre, affirma que l'âme était un esprit aérien, mais cependant immortel.

Diogène, un autre que celui qui devint cynique après avoir été faux-monnayeur, assurait que l'âme était une portion de la substance même de Dieu; et cette idée au moins était brillante.

Épicure la composait de parties comme le corps. Aristote, qu'on a expliqué de mille façons, parce qu'il était inintelligible, croyait, si l'on s'en rapporte à quelques-uns de ses disciples, que l'entendement de tous les hommes était une seule et même substance.

Le divin Platon, maître du divin Aristote, et le divin Socrate, maître du divin Platon, disaient l'âme corporelle et éternelle; le démon de Socrate lui avait appris sans doute ce qui en était. Il y a des gens, à la vérité, qui prétendent qu'un homme qui se vantait d'avoir un génie familier était indubitablement un fou ou un fripon; mais ces gens-là sont trop difficiles.

Quant à nos Pères de l'Église, plusieurs dans les premiers siècles ont cru l'âme humaine, les Anges et Dieu corporels.

Le monde se raffine toujours. Saint Bernard, selon l'aveu du père Mabillon, enseigna, à propos de l'âme, qu'après la mort elle ne voyait point Dieu dans le Ciel, mais qu'elle conversait seulement avec l'humanité de Jésus-Christ; on ne le crut pas cette fois sur sa parole. L'aventure de la Croisade avait un peu décrédité ses oracles. Mille scolastiques sont venus ensuite, comme le docteur irréfragable, le docteur subtil, le docteur angélique, le docteur séraphique, le docteur chérubique, qui tous ont été bien sûrs de connaître l'âme très clairement, mais qui n'ont pas laissé d'en parler comme s'ils avaient voulu que personne n'y entendît rien.

Notre Descartes, né pour découvrir les erreurs de l'antiquité, mais pour y substituer les siennes, et entraîné par cet esprit systématique qui aveugle les plus grands hommes, s'imagina avoir démontré que l'âme était la même chose que la pensée, comme la matière, selon lui, est la même chose que l'étendue; il assura que l'on pense toujours, et que l'âme arrive dans le corps pourvue de toutes les notions métaphysiques, connaissant Dieu, l'espace, l'infini, ayant toutes les idées abstraites, remplie enfin de belles connaissances, qu'elle oublie malheureusement en sortant du ventre de sa mère.

M. Malebranche, de l'Oratoire, dans ses illusions sublimes, non seulement admit les idées innées, mais il ne doutait pas que nous ne vissions tout en Dieu, et que Dieu, pour ainsi dire, ne fût notre âme.

Tant de raisonneurs ayant fait le roman de l'âme, un sage est venu, qui en a fait modestement l'histoire.

Locke a développé à l'homme la raison humaine, comme un excellent anatomiste explique les ressorts du corps humain. Il s'aide partout du flambeau de la physique; il ose quelquefois parler affirmativement, mais il ose aussi douter; au lieu de définir tout d'un coup ce que nous ne connaissons pas, il examine par degrés ce que nous voulons connaître. Il prend un enfant au moment de sa naissance; il suit pas à pas les progrès de son entendement; il voit ce qu'il a de commun avec les bêtes et ce qu'il a au-dessus d'elles; il consulte surtout son propre témoignage, la conscience de sa pensée.

« Je laisse, dit-il, à discuter à ceux qui en savent plus que moi, si notre âme existe avant ou après l'organisation de notre corps; mais j'avoue qu'il m'est tombé en partage une de ces âmes grossières qui ne pensent pas toujours, et j'ai même le malheur de ne pas concevoir qu'il soit plus nécessaire à l'âme de penser toujours qu'au corps d'être toujours en mouvement. »

Pour moi, je me vante de l'honneur d'être en ce point aussi stupide que Locke. Personne ne me fera jamais croire que je pense toujours; et je ne me sens pas plus disposé que lui à imaginer que, quelques semaines après ma conception, j'étais une fort savante âme, sachant alors mille choses que j'ai oubliées en naissant, et ayant fort inutilement possédé dans l'*utérus* des connaissances qui m'ont échappé dès que j'ai pu en avoir besoin, et que je n'ai jamais bien pu rapprendre depuis.

Locke, après avoir ruiné les idées innées, après avoir bien renoncé à la vanité de croire qu'on pense toujours, établit que toutes nos idées nous viennent par les sens, examine nos idées simples et celles qui sont composées, suit l'esprit de l'homme dans toutes ses opérations, fait voir combien les langues que les hommes parlent sont imparfaites, et quel abus nous faisons des termes à tous moments.

Il vient enfin à considérer l'étendue ou plutôt le néant des connaissances humaines. C'est dans ce chapitre qu'il ose avancer modestement ces paroles :

Nous ne serons peut-être jamais capables de connaître si un être purement matériel pense ou non.

Ce discours sage parut à plus d'un théologien une déclaration scandaleuse que l'âme est matérielle et mortelle.

Quelques Anglais, dévots à leur manière, sonnèrent l'alarme. Les superstitieux sont dans la société ce que les poltrons sont dans une armée : ils ont, et donnent des terreurs paniques. On cria que Locke voulait renverser la religion : il ne s'agissait pourtant point de religion dans cette affaire; c'était une question purement philosophique, très indépendante de la foi et de la révélation; il ne fallait qu'examiner sans aigreur s'il y a de la contradiction à dire : *la matière peut penser*, et si Dieu peut communiquer la pensée à la matière. Mais les théologiens commencent trop souvent par dire que Dieu est outragé quand on n'est pas de leur avis. C'est trop ressembler aux mauvais poètes, qui criaient que Despréaux parlait mal du roi, parce qu'il se moquait d'eux.

Le docteur Stillingfleet s'est fait une réputation de théologien modéré, pour n'avoir pas dit positivement des injures à Locke. Il entra en lice contre lui, mais il fut battu, car il raisonnait en docteur, et Locke en philosophe instruit de la force et de la faiblesse de l'esprit humain, et qui se battait avec des armes dont il connaissait la trempe.

Si j'osais parler après M. Locke sur un sujet si délicat, je dirais : Les hommes disputent depuis longtemps sur la nature et sur l'immortalité de l'âme. A l'égard de son immortalité, il est impossible de la démontrer, puisqu'on dispute encore sur sa nature, et qu'assurément il faut connaître à fond un être créé pour décider s'il est immortel ou non. La raison humaine est si peu capable de démontrer par elle-même l'immortalité de l'âme que la religion a été obligée de nous la révéler. Le bien commun de tous les hommes demande qu'on croie l'âme immortelle; la foi nous l'ordonne; il n'en faut pas davantage, et la chose est décidée. Il n'en est pas de même de sa nature; il importe peu à la religion de quelle substance soit l'âme, pourvu qu'elle soit vertueuse; c'est une horloge qu'on nous a donnée à gouverner; mais l'ouvrier ne nous a pas dit de quoi le ressort de cette horloge est composé.

Je suis corps et je pense : je n'en sais pas davantage. Irai-je attribuer à une cause inconnue ce que je puis si aisément attribuer à la seule cause seconde que je connais? Ici, tous les philosophes de l'école m'arrêtent en argumentant, et disent : « Il n'y a dans le corps que de l'étendue et de la solidité, et il ne peut avoir que du mouvement et de la figure. Or, du mouvement et de la figure, de l'étendue et de la solidité ne peuvent faire une pensée; donc l'âme ne peut pas être matière. » Tout ce grand raisonnement tant de fois répété se réduit uniquement à ceci : « Je ne connais point du tout la matière; j'en devine imparfaitement quelques propriétés; or, je ne sais point du tout si ces propriétés peuvent être jointes à la pensée; donc parce que je ne sais rien du tout, j'assure positivement que la matière ne saurait penser. » Voilà nettement la manière de raisonner de l'école. Locke dirait avec simplicité à ces messieurs : « Confessez du moins que vous êtes aussi ignorants que moi; votre imagination ni la mienne ne peuvent concevoir comment un corps a des idées; et comprenez-vous mieux comment une substance, telle qu'elle soit, a des idées? Vous ne concevez ni la matière ni l'esprit; comment osez-vous assurer quelque chose? »

Le superstitieux vient à son tour, et dit qu'il faut brûler, pour le bien de leurs âmes, ceux qui soupçonnent qu'on peut penser avec la seule aide du corps. Mais que diraient-ils si c'étaient eux-mêmes qui fussent coupables d'irréligion? En effet, quel est l'homme qui osera assurer, sans une impiété absurde, qu'il est impossible au Créateur de donner à la matière la pensée et le sentiment? Voyez, je vous prie, à quel embarras vous êtes réduits, vous qui bornez ainsi la puissance du Créateur! Les bêtes ont les mêmes organes que nous, les mêmes sentiments, les mêmes perceptions; elles ont de la mémoire, elles combinent quelques idées. Si Dieu n'a pas pu animer la matière et lui donner le sentiment, il faut de deux choses l'une, ou que les bêtes soient de pures machines ou qu'elles aient une âme spirituelle.

Il me paraît presque démontré que les bêtes ne peuvent être de simples machines. Voici ma preuve : Dieu leur a fait précisément les mêmes organes de sentiment que les nôtres; donc, s'ils ne sentent point, Dieu a fait un ouvrage inutile. Or Dieu, de votre aveu même, ne fait rien en vain; donc il n'a point fabriqué tant d'organes de sentiment pour qu'il n'y eût point de sentiment; donc les bêtes ne sont point de pures machines.

Les bêtes, selon vous, ne peuvent pas avoir une âme spirituelle; donc, malgré vous, il ne reste autre chose à dire, sinon que Dieu a donné aux organes des bêtes, qui sont matière, la faculté de sentir et d'apercevoir, laquelle vous appelez instinct dans elles.

Eh! qui peut empêcher Dieu de communiquer à nos organes plus déliés cette faculté de sentir, d'apercevoir et de penser, que nous appelons raison humaine? De quelque côté que vous vous tourniez, vous êtes obligés d'avouer votre ignorance et la puissance immense du Créateur. Ne vous révoltez donc plus contre la sage et modeste philosophie de Locke; loin d'être contraire à la religion, elle lui servirait de preuve, si la religion en avait besoin; car, quelle philosophie plus religieuse que celle qui, n'affirmant que ce qu'elle conçoit clairement et sachant avouer sa faiblesse, vous dit qu'il faut recourir à Dieu dès qu'on examine les premiers principes?

D'ailleurs, il ne faut jamais craindre qu'aucun sentiment philosophique puisse nuire à la religion d'un pays. Nos mystères ont beau être contraires à nos démonstrations, ils n'en sont pas moins révérés par les philosophes chrétiens, qui savent que les objets de la raison et de la foi sont de différente nature. Jamais les philosophes ne feront une secte de religion. Pourquoi? C'est qu'ils n'écrivent point pour le peuple, et qu'ils sont sans enthousiasme.

Divisez le genre humain en vingt parts : il y en a dix-neuf composées de ceux qui travaillent de leurs mains, et qui ne sauront jamais s'il y a un Locke au monde; dans la vingtième partie qui reste, combien trouve-t-on peu d'hommes qui lisent! Et parmi ceux qui lisent, il y en a vingt qui lisent des romans, contre un qui étudie la philosophie. Le nombre de ceux qui pensent est excessivement petit, et ceux-là ne s'avisent pas de troubler le monde.

Ce n'est ni Montaigne, ni Locke, ni Bayle, ni Spinosa, ni Hobbes, ni milord Shaftesbury, ni M. Collins, ni M. Toland, etc., qui ont porté le flambeau de la discorde dans leur patrie; ce sont, pour la plupart, des théologiens, qui, ayant eu d'abord l'ambition d'être chefs de secte, ont eu bientôt celle d'être chefs de parti. Que dis-je! tous les livres des philosophes modernes mis ensemble ne feront jamais dans le monde autant de bruit seulement qu'en a fait autrefois la dispute des cordeliers sur la forme de leur manche et de leur capuchon.

QUATORZIÈME LETTRE

SUR DESCARTES ET NEWTON

Un Français qui arrive à Londres trouve les choses bien changées en philosophie comme dans tout le reste. Il a laissé le monde plein; il le trouve vide. A Paris, on voit l'univers composé de tourbillons de matière subtile; à Londres, on ne voit rien de cela. Chez nous, c'est la pression de la lune qui cause le flux de la mer; chez les Anglais, c'est la mer qui gravite vers la lune, de façon que, quand vous croyez que la lune devrait nous donner marée haute, ces Messieurs croient qu'on doit avoir marée basse; ce qui malheureusement ne peut se vérifier, car il aurait fallu, pour s'en éclaircir, examiner la lune et les marées au premier instant de la création.

Vous remarquerez encore que le soleil, qui en France n'entre pour rien dans cette affaire, y contribue ici environ pour son quart. Chez vos cartésiens, tout se fait par une impulsion qu'on ne comprend guère; chez M. Newton, c'est par une attraction dont on ne connaît pas mieux la cause. A Paris, vous vous figurez la terre faite comme un melon; à Londres, elle est aplatie des deux côtés. La lumière, pour un cartésien, existe dans l'air; pour un newtonien, elle vient du soleil en six minutes et demie. Votre chimie fait toutes ses opérations avec des acides, des alcalis et de la matière subtile; l'attraction domine jusque dans la chimie anglaise.

L'essence même des choses a totalement changé. Vous ne vous accordez ni sur la définition de l'âme ni sur celle de la matière. Descartes assure que l'âme est

QUATORZIÈME LETTRE

Sur Descartes et Newton.

Un Français qui arrive à Londres trouve les choses bien changées en philosophie comme dans tout le reste. Il a laissé le monde plein; il le trouve vide. A Paris, on voit l'univers composé de tourbillons de matière subtile; à Londres, on ne voit rien de cela. Chez nous, c'est la pression de la lune qui cause le flux de la mer; chez les Anglais, c'est la mer qui gravite vers la lune, de façon que, quand vous croyez que la lune devrait nous donner marée haute, ces Messieurs croient qu'on doit avoir marée basse; ce qui malheureusement ne peut se vérifier, car il aurait fallu, pour s'en éclaircir, examiner la lune et les marées au premier instant de la création.

Vous remarquerez encore que le soleil, qui en France n'entre pour rien dans cette affaire, y contribue ici environ pour son quart. Chez vos cartésiens, tout se fait par une impulsion qu'on ne comprend guère; chez M. Newton, c'est par une attraction dont on ne connaît pas mieux la cause. A Paris, vous vous figurez la terre faite comme un melon; à Londres, elle est aplatie des deux côtés. La lumière, pour un cartésien, existe dans l'air; pour un newtonien, elle vient du soleil en six minutes et demie. Votre chimie fait toutes ses opérations avec des acides, des alcalis et de la matière subtile; l'attraction domine jusque dans la chimie anglaise.

L'essence même des choses a totalement changé. Vous ne vous accordez ni sur la définition de l'âme ni sur celle de la matière. Descartes assure que l'âme est la même chose que la pensée, et Locke lui prouve assez bien le contraire.

Descartes assure encore que l'étendue seule fait la matière; Newton y ajoute la solidité. Voilà de furieuses contrariétés.

Non nostrum inter vos tantas componere lites.

Ce fameux Newton, ce destructeur du système cartésien, mourut au mois de mars de l'an passé 1727. Il a vécu honoré de ses compatriotes, et a été enterré comme un roi qui aurait fait du bien à ses sujets.

On a lu ici avec avidité et l'on a traduit en anglais l'éloge que M. de Fontenelle a prononcé de M. Newton dans l'Académie des Sciences. On attendait en Angleterre le jugement de M. de Fontenelle comme une déclaration solennelle de la supériorité de la philosophie anglaise; mais, quand on a vu qu'il comparait Descartes à Newton, toute la société royale de Londres s'est soulevée. Loin d'acquiescer au jugement, on a critiqué ce discours. Plusieurs même (et ceux-là ne sont pas les plus philosophes) ont été choqués de cette comparaison seulement parce que Descartes était Français.

Il faut avouer que ces deux grands hommes ont été bien différents l'un de l'autre dans leur conduite, dans leur fortune et dans leur philosophie.

Descartes était né avec une imagination vive et forte, qui en fit un homme singulier dans sa vie privée comme dans sa manière de raisonner. Cette imagination ne put se cacher même dans ses ouvrages philosophiques, où l'on voit à tout moment des comparaisons ingénieuses et brillantes. La nature en avait presque fait un poète, et en effet il composa pour la reine de Suède un divertissement en vers que pour l'honneur de sa mémoire on n'a pas fait imprimer.

Il essaya quelque temps du métier de la guerre, et depuis étant devenu tout à fait philosophe, il ne crut pas indigne de lui de faire l'amour. Il eut de sa maîtresse une fille nommée Francine, qui mourut jeune et dont il regretta beaucoup la perte. Ainsi il éprouva tout ce qui appartient à l'humanité.

Il crut longtemps qu'il était nécessaire de fuir les hommes, et surtout sa patrie, pour philosopher en liberté. Il avait raison; les hommes de son temps n'en savaient pas assez pour l'éclaircir, et n'étaient guère capables que de lui nuire.

Il quitta la France parce qu'il cherchait la vérité, qui y était persécutée alors par la misérable philosophie de l'École; mais il ne trouva pas plus de raison dans les universités de la Hollande, où il se retira. Car dans le temps qu'on condamnait en France les seules propositions de sa philosophie qui fussent vraies, il fut aussi persécuté par les prétendus philosophes de Hollande, qui ne l'entendaient pas mieux, et qui, voyant de plus près sa gloire, haïssaient davantage sa personne. Il fut obligé de sortir d'Utrecht; il essuya l'accusation d'athéisme, dernière ressource des calomniateurs; et lui qui avait employé toute la sagacité de son esprit à chercher de nouvelles preuves de l'existence d'un Dieu, fut soupçonné de n'en point reconnaître.

Tant de persécutions supposaient un très grand mérite et une réputation éclatante : aussi avait-il l'un et l'autre. La raison perça même un peu dans le monde à travers les ténèbres de l'École et les préjugés de la superstition populaire. Son nom fit enfin tant de bruit qu'on voulut l'attirer en France par des récompenses. On lui proposa une pension de mille écus; il vint sur cette espérance, paya les frais de la patente, qui se vendait alors, n'eut point la pension, et s'en retourna philosopher dans sa solitude de Nord-Hollande, dans le temps que le grand Galilée, à l'âge de quatre-vingts ans, gémissait dans les prisons de l'Inquisition, pour avoir démontré le mouvement de la terre. Enfin il mourut à Stockholm d'une mort prématurée et causée par un mauvais régime, au milieu de quelques savants, ses ennemis, et entre les mains d'un médecin qui le haïssait.

La carrière du chevalier Newton a été toute différente. Il a vécu quatre-vingt-cinq ans, toujours tranquille, heureux et honoré dans sa patrie.

Son grand bonheur a été non seulement d'être né dans un pays libre, mais dans un temps où les impertinences scolastiques étant bannies, la raison seule était cultivée; et le monde ne pouvait être que son écolier, et non son ennemi.

Une opposition singulière dans laquelle il se trouve avec Descartes, c'est que, dans le cours d'une si longue vie, il n'a eu ni passion ni faiblesse; il n'a jamais approché d'aucune femme : c'est ce qui m'a été confirmé par le médecin et le chirurgien entre les bras de qui il est mort. On peut admirer en cela Newton, mais il ne faut pas blâmer Descartes.

L'opinion publique en Angleterre sur ces deux philosophes est que le premier était un rêveur, et que l'autre était un sage.

Très peu de personnes à Londres lisent Descartes, dont effectivement les ouvrages sont devenus inutiles; très peu lisent aussi Newton, parce qu'il faut être fort savant pour le comprendre; cependant, tout le monde parle d'eux; on n'accorde rien au Français et on donne tout à l'Anglais. Quelques gens croient que, si on ne s'en tient plus à l'horreur du vide, si on sait que l'air est pesant, si on se sert de lunettes d'approche, on en a l'obligation à Newton. Il est ici l'Hercule de la fable, à qui les ignorants attribuaient tous les faits des autres héros.

Dans une critique qu'on a faite à Londres du discours de M. de Fontenelle, on a osé avancer que Descartes n'était pas un grand géomètre. Ceux qui parlent ainsi peuvent se reprocher de battre leur nourrice; Descartes a fait un aussi grand chemin, du point où il a trouvé la géométrie jusqu'au point où il l'a poussée, que Newton en a fait après lui : il est le premier qui ait trouvé la manière de donner les équations algébriques des courbes. Sa géométrie, grâce à lui devenue aujourd'hui commune, était de son temps si profonde qu'aucun professeur n'osa entreprendre de l'expliquer, et qu'il n'y avait en Hollande que Schooten et en France que Fermat qui l'entendissent.

Il porta cet esprit de géométrie et d'invention dans la dioptrique, qui devint entre ses mains un art tout nouveau; et s'il s'y trompa en quelque chose, c'est qu'un homme qui découvre de nouvelles terres ne peut tout d'un coup en connaître toutes les propriétés :

ceux qui viennent après lui et qui rendent ces terres fertiles lui ont au moins l'obligation de la découverte. Je ne nierai pas que tous les autres ouvrages de M. Descartes fourmillent d'erreurs.

La géométrie était un guide que lui-même avait en quelque façon formé, et qui l'aurait conduit sûrement dans sa physique; cependant il abandonna à la fin ce guide et se livra à l'esprit de système. Alors sa philosophie ne fut plus qu'un roman ingénieux, et tout au plus vraisemblable pour les ignorants. Il se trompa sur la nature de l'âme, sur les preuves de l'existence de Dieu, sur la matière, sur les lois du mouvement, sur la nature de la lumière; il admit les idées innées, il inventa de nouveaux éléments, il créa un monde, il fit l'homme à sa mode, et on dit avec raison que l'homme de Descartes n'est en effet que celui de Descartes, fort éloigné de l'homme véritable.

Il poussa ses erreurs métaphysiques jusqu'à prétendre que deux et deux ne font quatre que parce que Dieu l'a voulu ainsi. Mais ce n'est point trop dire qu'il était estimable même dans ses égarements. Il se trompa, mais ce fut au moins avec méthode, et avec un esprit conséquent; il détruisit les chimères absurdes dont on infatuait la jeunesse depuis deux mille ans; il apprit aux hommes de son temps à raisonner et à se servir contre lui-même de ses armes. S'il n'a pas payé en bonne monnaie, c'est beaucoup d'avoir décrié la fausse.

Je ne crois pas qu'on ose, à la vérité, comparer en rien sa philosophie avec celle de Newton : la première est un essai, la seconde est un chef-d'œuvre. Mais celui qui nous a mis sur la voie de la vérité vaut peut-être celui qui a été depuis au bout de cette carrière.

Descartes donna la vue aux aveugles; ils virent les fautes de l'Antiquité et les siennes. La route qu'il ouvrit est, depuis lui, devenue immense. Le petit livre de Rohaut a fait pendant quelque temps une physique complète; aujourd'hui, tous les recueils des académies de l'Europe ne font pas même un commencement de système : en approfondissant cet abîme, il s'est trouvé infini. Il s'agit maintenant de voir ce que M. Newton a creusé dans ce précipice.

QUINZIÈME LETTRE

SUR LE SYSTÈME DE L'ATTRACTION.

Les découvertes du chevalier Newton, qui lui ont fait une réputation si universelle, regardent le système du monde, la lumière, l'infini en géométrie, et enfin la chronologie, à laquelle il s'est amusé pour se délasser.

Je vais vous dire (si je puis, sans verbiage) le peu que j'ai pu attraper de toutes ces sublimes idées.

A l'égard du système de notre monde, on disputait depuis longtemps sur la cause qui fait tourner et qui retient dans leurs orbites toutes les planètes, et sur celle qui fait descendre ici-bas tous les corps vers la surface de la terre.

Le système de Descartes, expliqué et fort changé depuis lui, semblait rendre une raison plausible de ces phénomènes, et cette raison paraissait d'autant plus vraie qu'elle est simple et intelligible à tout le monde. Mais, en philosophie, il faut se défier de ce qu'on croit entendre trop aisément, aussi bien que des choses qu'on n'entend pas.

La pesanteur, la chute accélérée des corps tombant sur la terre, la révolution des planètes dans leurs orbites, leurs rotations autour de leur axe, tout cela n'est que du mouvement; or, le mouvement ne peut être conçu que par impulsion; donc tous ces corps sont poussés. Mais par quoi le sont-ils? Tout l'espace est plein; donc il est rempli d'une matière très subtile, puisque nous ne l'apercevons pas; donc cette matière va d'Occident en Orient, puisque c'est d'Occident en Orient que toutes les planètes sont entraînées. Aussi,

QUINZIÈME LETTRE

Sur le système de l'attraction.

Les découvertes du chevalier Newton, qui lui ont fait une réputation si universelle, regardent le système du monde, la lumière, l'infini en géométrie, et enfin la chronologie, à laquelle il s'est amusé pour se délasser.

Je vais vous dire (si je puis, sans verbiage) le peu que j'ai pu attraper de toutes ces sublimes idées.

A l'égard du système de notre monde, on disputait depuis longtemps sur la cause qui fait tourner et qui retient dans leurs orbites toutes les planètes, et sur celle qui fait descendre ici-bas tous les corps vers la surface de la terre.

Le système de Descartes, expliqué et fort changé depuis lui, semblait rendre une raison plausible de ces phénomènes, et cette raison paraissait d'autant plus vraie qu'elle est simple et intelligible à tout le monde. Mais, en philosophie, il faut se défier de ce qu'on croit entendre trop aisément, aussi bien que des choses qu'on n'entend pas.

La pesanteur, la chute accélérée des corps tombant sur la terre, la révolution des planètes dans leurs orbites, leurs rotations autour de leur axe, tout cela n'est que du mouvement; or, le mouvement ne peut être conçu que par impulsion; donc tous ces corps sont poussés. Mais par quoi le sont-ils? Tout l'espace est plein; donc il est rempli d'une matière très subtile, puisque nous ne l'apercevons pas; donc cette matière va d'Occident en Orient, puisque c'est d'Occident en Orient que toutes les planètes sont entraînées. Aussi, de supposition en supposition et de vraisemblance en vraisemblance, on a imaginé un vaste tourbillon de matière subtile, dans lequel les planètes sont entraînées autour du soleil; on crée encore un autre tourbillon particulier, qui nage dans le grand, et qui tourne journellement autour de la planète. Quand tout cela est fait, on prétend que la pesanteur dépend de ce mouvement journalier; car, dit-on, la matière subtile qui tourne autour de notre petit tourbillon doit aller dix-sept fois plus vite que la terre; or, si elle va dix-sept fois plus vite que la terre, elle doit avoir incomparablement plus de force centrifuge, et repousser par conséquent tous les corps vers la terre. Voilà la cause de la pesanteur, dans le système cartésien.

Mais avant que de calculer la force centrifuge et la vitesse de cette matière subtile, il fallait s'assurer qu'elle existât, et supposé qu'elle existe, il est encore démontré faux qu'elle puisse être la cause de la pesanteur.

M. Newton semble anéantir sans ressource tous ces tourbillons, grands et petits, et celui qui emporte les planètes autour du soleil, et celui qui fait tourner chaque planète sur elle-même.

Premièrement, à l'égard du prétendu petit tourbillon de la terre, il est prouvé qu'il doit perdre petit à petit son mouvement; il est prouvé que si la terre nage dans un fluide, ce fluide doit être de la même densité que la terre, et si ce fluide est de la même densité, tous les corps que nous remuons doivent éprouver une résistance extrême, c'est-à-dire qu'il faudrait un levier de la longueur de la terre pour soulever le poids d'une livre.

2° A l'égard des grands tourbillons, ils sont encore plus chimériques. Il est impossible de les accorder avec les règles de Kepler, dont la vérité est démontrée. M. Newton fait voir que la révolution du fluide dans lequel Jupiter est supposé entraîné, n'est pas avec la révolution du fluide de la terre comme la révolution de Jupiter est avec celle de la terre.

Il prouve que, toutes les planètes faisant leurs révolutions dans des ellipses, et par conséquent étant bien plus éloignées les unes des autres dans leurs *aphélies* et bien plus proches dans leurs *périhélies*, la terre, par exemple, devrait aller plus vite quand elle est plus près de Vénus et de Mars, puisque le fluide qui l'emporte, étant alors plus pressé, doit avoir plus de mouvement; et cependant c'est alors même que le mouvement de la terre est plus ralenti.

Il prouve qu'il n'y a point de matière céleste qui aille d'Occident en Orient, puisque les comètes traversent ces espaces tantôt de l'Orient à l'Occident, tantôt du Septentrion au Midi.

Enfin pour mieux trancher encore, s'il est possible, toute difficulté, il prouve ou du moins rend fort probable, et même par des expériences, que le plein est impossible, et il nous ramène le vide, qu'Aristote et Descartes avaient banni du monde.

Ayant, par toutes ces raisons et par beaucoup d'autres encore, renversé les tourbillons du cartésianisme, il désespérait de pouvoir connaître jamais s'il y a un principe secret dans la nature, qui cause à la fois le mouvement de tous les corps célestes et qui fait la pesanteur sur la terre. S'étant retiré en 1666 à la campagne, près de Cambridge, un jour qu'il se promenait dans son jardin et qu'il voyait des fruits tomber d'un arbre, il se laissa aller à une méditation profonde sur cette pesanteur dont tous les philosophes ont cherché si longtemps la cause en vain, et dans laquelle le vulgaire ne soupçonne pas même de mystère. Il se dit à lui-même : « De quelque hauteur dans notre hémisphère que tombassent ces corps, leur chute serait certainement dans la progression découverte par Galilée; et les espaces parcourus par eux seraient comme les carrés des temps. Ce pouvoir qui fait descendre les corps graves est le même, sans aucune diminution sensible, à quelque profondeur qu'on soit dans la terre et sur la plus haute montagne. Pourquoi ce pouvoir ne s'étendrait-il pas jusqu'à la lune? Et, s'il est vrai qu'il pénètre jusque-là, n'y a-t-il pas grande apparence que ce pouvoir la retient dans son orbite et détermine son mouvement? Mais, si la lune obéit à ce principe, quel qu'il soit, n'est-il pas encore très raisonnable de croire que les autres planètes y sont également soumises?

« Si ce pouvoir existe, il doit (ce qui est prouvé d'ailleurs) augmenter en raison renversée des carrés des distances. Il n'y a donc plus qu'à examiner le chemin que ferait un corps grave en tombant sur la terre d'une hauteur médiocre, et le chemin que ferait dans le même temps un corps qui tomberait de l'orbite de la lune. Pour en être instruit, il ne s'agit plus que d'avoir la mesure de la terre et la distance de la lune à la terre. »

Voilà comment M. Newton raisonna. Mais on n'avait alors en Angleterre que de très fausses mesures de notre globe; on s'en rapportait à l'estime incertaine des pilotes, qui comptaient soixante milles d'Angleterre pour un degré, au lieu qu'il en fallait compter près de soixante et dix. Ce faux calcul ne s'accordant pas avec les conclusions que M. Newton voulait tirer, il les abandonna. Un philosophe médiocre et qui n'aurait eu que de la vanité, eût fait cadrer comme il eût pu la mesure de la terre avec son système. M. Newton aima mieux abandonner alors son projet. Mais depuis que M. Picart eut mesuré la terre exactement, en traçant cette méridienne qui fait tant d'honneur à la France, M. Newton reprit ses premières idées, et il trouva son compte avec le calcul de M. Picart. C'est une chose qui me paraît toujours admirable, qu'on ait découvert de si sublimes vérités avec l'aide d'un quart de cercle et d'un peu d'arithmétique.

La circonférence de la terre est de cent vingt-trois millions deux cent quarante-neuf mille six cents pieds de Paris. De cela seul peut suivre tout le système de l'attraction.

On connaît la circonférence de la terre, on connaît celle de l'orbite de la lune, et le diamètre de cet orbite. La révolution de la lune dans cet orbite se fait en vingt-sept jours, sept heures, quarante-trois minutes; donc il est démontré que la lune, dans son mouvement moyen, parcourt cent quatre-vingt-sept mille neuf cent soixante pieds de Paris par minute; et, par un théorème connu, il est démontré que la force centrale qui ferait tomber un corps de la hauteur de la lune, ne le ferait tomber que de quinze pieds de Paris dans la première minute.

Maintenant, si la règle par laquelle les corps pèsent, gravitent, s'attirent en raison inverse des carrés des distances est vraie, si c'est le même pouvoir qui agit suivant cette règle dans toute la nature, il est évident que, la terre étant éloignée de la lune de soixante demi-diamètres, un corps grave doit tomber sur la terre de quinze pieds dans la première seconde, et cinquante-quatre mille pieds dans la première minute.

Or est-il qu'un corps grave tombe, en effet, de quinze pieds dans la première seconde, et parcourt dans la première minute cinquante-quatre mille pieds, lequel nombre est le carré de soixante multiplié par quinze ; donc les corps pèsent en raison inverse des carrés des distances ; donc le même pouvoir fait la pesanteur sur la terre et retient la lune dans son orbite.

Étant donc démontré que la lune pèse sur la terre, qui est le centre de son mouvement particulier, il est démontré que la terre et la lune pèsent sur le soleil, qui est le centre de leur mouvement annuel.

Les autres planètes doivent être soumises à cette loi générale, et, si cette loi existe, ces planètes doivent suivre les règles trouvées par Kepler. Toutes ces règles, tous ces rapports sont en effet gardés par les planètes avec la dernière exactitude ; donc le pouvoir de la gravitation fait peser toutes les planètes vers le soleil, de même que notre globe. Enfin, la réaction de tout corps étant proportionnelle à l'action, il demeure certain que la terre pèse à son tour sur la lune, et que le soleil pèse sur l'une et sur l'autre, que chacun des satellites de Saturne pèse sur les quatre, et les quatre sur lui, tous cinq sur Saturne, Saturne sur tous ; qu'il en est ainsi de Jupiter, et que tous ces globes sont attirés par le soleil, réciproquement attiré par eux.

Ce pouvoir de gravitation agit à proportion de la matière que renferment les corps ; c'est une vérité que M. Newton a démontrée par des expériences. Cette nouvelle découverte a servi à faire voir que le soleil, centre de toutes les planètes, les attire toutes en raison directe de leurs masses, combinées avec leur éloignement. De là, s'élevant par degrés jusqu'à des connaissances qui semblaient n'être pas faites pour l'esprit humain, il ose calculer combien de matière contient le soleil, et combien il s'en trouve dans chaque planète; et ainsi il fait voir que, par les simples lois de la mécanique, chaque globe céleste doit être nécessairement à la place où il est. Son seul principe des lois de la gravitation rend raison de toutes les inégalités apparentes dans le cours des globes célestes. Les variations de la lune deviennent une suite nécessaire de ces lois. De plus, on voit évidemment pourquoi les nœuds de la lune font leur révolution en dix-neuf ans, et ceux de la terre dans l'espace d'environ vingt-six mille années. Le flux et le reflux de la mer est encore un effet très simple de cette attraction. La proximité de la lune dans son plein et quand elle est nouvelle, et son éloignement dans ses quartiers, combinés avec l'action du soleil, rendent une raison sensible de l'élévation et de l'abaissement de l'Océan.

Après avoir rendu compte, par sa sublime théorie, du cours et des inégalités des planètes, il assujettit les comètes au frein de la même loi. Ces feux si longtemps inconnus, qui étaient la terreur du monde et l'écueil de la philosophie, placés par Aristote au-dessous de la lune, et renvoyés par Descartes au-dessus de Saturne, sont mis enfin à leur véritable place par Newton.

Il prouve que ce sont des corps solides, qui se meuvent dans la sphère de l'action du soleil, et décrivent une ellipse si excentrique et si approchante de la parabole que certaines comètes doivent mettre plus de cinq cents ans dans leur révolution.

M. Halley croit que la comète de 1680 est la même qui parut du temps de Jules César : celle-là surtout sert plus qu'une autre à faire voir que les comètes sont des corps durs et opaques; car elle descendit si près du soleil qu'elle n'en était éloignée que d'une sixième partie de son disque; elle dut, par conséquent, acquérir un degré de chaleur deux mille fois plus violent que celui du fer le plus enflammé. Elle aurait été dissoute et consommée en peu de temps, si elle n'avait pas été un corps opaque. La mode commençait alors de deviner le cours des comètes. Le célèbre mathématicien Jacques Bernoulli conclut par son système que cette fameuse comète de 1680 reparaîtrait le 17 mai 1719. Aucun astronome de l'Europe ne se coucha cette nuit du 17 mai, mais la fameuse comète ne parut point. Il y a au moins plus d'adresse, s'il n'y a plus de sûreté, à lui donner cinq cent soixante-quinze ans pour revenir. Un géomètre anglais nommé Wilston, non moins chimérique que géomètre, a sérieusement affirmé que du temps du Déluge il y avait eu une comète qui avait inondé notre globe, et il a eu l'injustice de s'étonner qu'on se soit moqué de lui. L'Antiquité pensait à peu près dans le goût de Wilston; elle croyait que les comètes étaient toujours les avant-courrières de quelque grand malheur sur la terre. Newton au contraire soupçonne qu'elles sont très bienfaisantes, et que les fumées qui en sortent ne servent qu'à secourir et vivifier les planètes qui s'imbibent, dans leur cours, de toutes ces particules que le soleil a détachées des comètes. Ce sentiment est du moins plus probable que l'autre.

Ce n'est pas tout. Si cette force de gravitation, d'attraction, agit dans tous les globes célestes, elle agit sans doute sur toutes les parties de ces globes; car, si les corps s'attirent en raison de leurs masses, ce ne peut être qu'en raison de la quantité de leurs parties; et si ce pouvoir est logé dans le tout, il l'est sans doute dans la moitié, il l'est dans le quart, dans la huitième partie, ainsi jusqu'à l'infini. De plus, si ce pouvoir n'était pas également dans chaque partie, il y aurait toujours quelques côtés du globe qui graviteraient plus que les autres, ce qui n'arrive pas. Donc ce pouvoir existe réellement dans toute la matière, et dans les plus petites particules de la matière.

Ainsi, voilà l'attraction qui est le grand ressort qui fait mouvoir toute la nature.

Newton avait bien prévu, après avoir démontré l'existence de ce principe, qu'on se révolterait contre ce seul nom. Dans plus d'un endroit de son livre il précautionne son lecteur contre l'attraction même, il l'avertit de ne la pas confondre avec les qualités occultes des anciens, et de se contenter de connaître qu'il y a dans tous les corps une force centrale qui agit d'un bout de l'univers à l'autre sur les corps les plus proches et sur les plus éloignés, suivant les lois immuables de la mécanique.

Il est étonnant qu'après les protestations solennelles de ce grand philosophe, M. Saurin et M. de Fontenelle, qui eux-mêmes méritent ce nom, lui aient reproché nettement les chimères du péripatétisme : M. Saurin, dans les Mémoires de l'Académie de 1709, et M. de Fontenelle, dans l'Éloge même de M. Newton.

Presque tous les Français, savants et autres, ont répété ce reproche. On entend dire partout : « Pourquoi Newton ne s'est-il pas servi du mot d'impulsion, que l'on comprend si bien, plutôt que du terme d'attraction, que l'on ne comprend pas? »

Newton aurait pu répondre à ces critiques : « Premièrement, vous n'entendez pas plus le mot d'impulsion que celui d'attraction, et, si vous ne concevez pas pourquoi un corps tend vers le centre d'un autre corps, vous n'imaginez pas plus par quelle vertu un corps en peut pousser un autre.

« Secondement, je n'ai pas pu admettre l'impulsion; car il faudrait, pour cela, que j'eusse connu qu'une matière céleste pousse en effet les planètes; or, non seulement je ne connais point cette matière, mais j'ai prouvé qu'elle n'existe pas.

« Troisièmement, je ne me sers du mot d'attraction que pour exprimer un effet que j'ai découvert dans la nature, effet certain et indiscutable d'un principe inconnu, qualité inhérente dans la matière, dont de plus habiles que moi trouveront, s'ils peuvent, la cause.

— Que nous avez-vous donc appris, insiste-t-on encore, et pourquoi tant de calculs pour nous dire ce que vous-même ne comprenez pas?

— Je vous ai appris, pourrait continuer Newton, que la mécanique des forces centrales fait peser tous les corps à proportion de leur matière, que ces forces centrales font seules mouvoir les planètes et les comètes dans des proportions marquées. Je vous démontre qu'il est impossible qu'il y ait une autre cause de la pesanteur et du mouvement de tous les corps célestes; car, les corps graves tombant sur la terre selon la proportion démontrée des forces centrales, et les planètes achevant leurs cours suivant ces mêmes proportions, s'il y avait encore un autre pouvoir qui agît sur tous ces corps, il augmenterait leurs vitesses ou changerait leurs directions. Or jamais aucun de ces corps n'a un seul degré de mouvement, de vitesse, de détermination qui ne soit démontré être l'effet des forces centrales; donc il est impossible qu'il y ait un autre principe. »

Qu'il me soit permis de faire encore parler un moment Newton. Ne sera-t-il pas bien reçu à dire : « Je suis dans un cas bien différent des Anciens. Ils voyaient, par exemple, l'eau monter dans les pompes, et ils disaient : « L'eau monte parce qu'elle a horreur du vide. » Mais moi je suis dans le cas de celui qui aurait remarqué le premier que l'eau monte dans les pompes, et qui laisserait à d'autres le soin d'expliquer la cause de cet effet. L'anatomiste qui a dit le premier que le bras se remue parce que les muscles se contractent, enseigna aux hommes une vérité incontestable; lui en aura-t-on moins d'obligation parce qu'il n'a pas su pourquoi les muscles se contractent? La cause du ressort de l'air est inconnue, mais celui qui a découvert ce ressort a rendu un grand service à la physique. Le ressort que j'ai découvert était plus caché, plus universel; ainsi, on doit m'en savoir plus de gré. J'ai découvert une nouvelle propriété de la matière, un des secrets du Créateur; j'en ai calculé, j'en ai démontré les effets; peut-on me chicaner sur le nom que je lui donne?

« Ce sont les tourbillons qu'on peut appeler une qualité occulte, puisqu'on n'a jamais prouvé leur existence. L'attraction au contraire est une chose réelle, puisqu'on en démontre les effets et qu'on en calcule les proportions. La cause de cette cause est dans le sein de Dieu. »

Procedes huc, et non ibis amplius.

SEIZIÈME LETTRE

Sur l'optique de M. Newton

Un nouvel univers a été découvert par les philosophes du dernier siècle, et ce monde nouveau était d'autant plus difficile à connaître qu'on ne se doutait pas même qu'il existât. Il semblait aux plus sages que c'était une témérité d'oser seulement songer qu'on pût deviner par quelles lois les corps célestes se meuvent, et comment la lumière agit.

Galilée, par ses découvertes astronomiques, Kepler, par ses calculs, Descartes, au moins dans sa dioptrique, et Newton, dans tous ses ouvrages, ont vu la mécanique des ressorts du monde. Dans la géométrie, on a assujetti l'infini au calcul. La circulation du sang dans les animaux et de la sève dans les végétales a changé pour nous la nature. Une nouvelle manière d'exister a été donnée aux corps dans la machine pneumatique. Les objets se sont rapprochés de nos yeux à l'aide des télescopes. Enfin, ce que Newton a découvert sur la lumière est digne de tout ce que la curiosité des hommes pouvait attendre de plus hardi, après tant de nouveautés.

Jusqu'à Antonio de Dominis, l'arc-en-ciel avait paru un miracle inexplicable; ce philosophe devina que c'était un effet nécessaire de la pluie et du soleil. Descartes rendit son nom immortel par l'explication mathématique de ce phénomène si naturel; il calcula les réflexions de la lumière dans les gouttes de pluie, et cette sagacité eut alors quelque chose de divin.

Mais qu'aurait-il dit si on lui avait fait connaître qu'il se trompait sur la nature de la lumière; qu'il

SEIZIÈME LETTRE

SUR L'OPTIQUE DE M. NEWTON.

Un nouvel univers a été découvert par les philosophes du dernier siècle, et ce monde nouveau était d'autant plus difficile à connaître qu'on ne se doutait pas même qu'il existât. Il semblait aux plus sages que c'était une témérité d'oser seulement songer qu'on pût deviner par quelles lois les corps célestes se meuvent, et comment la lumière agit.

Galilée, par ses découvertes astronomiques, Kepler, par ses calculs, Descartes, au moins dans sa dioptrique, et Newton, dans tous ses ouvrages, ont vu la mécanique des ressorts du monde. Dans la géométrie, on a assujetti l'infini au calcul. La circulation du sang dans les animaux et de la sève dans les végétales a changé pour nous la nature. Une nouvelle manière d'exister a été donnée aux corps dans la machine pneumatique. Les objets se sont rapprochés de nos yeux à l'aide des télescopes. Enfin, ce que Newton a découvert sur la lumière est digne de tout ce que la curiosité des hommes pouvait attendre de plus hardi, après tant de nouveautés.

Jusqu'à Antonio de Dominis, l'arc-en-ciel avait paru un miracle inexplicable; ce philosophe devina que c'était un effet nécessaire de la pluie et du soleil. Descartes rendit son nom immortel par l'explication mathématique de ce phénomène si naturel; il calcula les réflexions de la lumière dans les gouttes de pluie, et cette sagacité eut alors quelque chose de divin.

Mais qu'aurait-il dit si on lui avait fait connaître qu'il se trompait sur la nature de la lumière; qu'il n'avait aucune raison d'assurer que c'était un corps globuleux; qu'il est faux que cette matière, s'étendant par tout l'univers, n'attende, pour être mise en action, que d'être poussée par le soleil, ainsi qu'un long bâton qui agit à un bout quand il est pressé par l'autre; qu'il est très vrai qu'elle est dardée par le soleil, et qu'enfin la lumière est transmise du soleil à la terre en près de sept minutes, quoique un boulet de canon, conservant toujours sa vitesse, ne puisse faire ce chemin qu'en vingt-cinq années?

Quel eût été son étonnement si on lui avait dit : « Il est faux que la lumière se réfléchisse directement en rebondissant sur les parties solides du corps; il est faux que les corps soient transparents quand ils ont des pores larges; et il viendra un homme qui démontrera ces paradoxes, et qui anatomisera un seul rayon de lumière avec plus de dextérité que le plus habile artiste ne dissèque le corps humain! »

Cet homme est venu. Newton, avec le seul secours du prisme, a démontré aux yeux que la lumière est un amas de rayons colorés qui, tous ensemble, donnent la couleur blanche. Un seul rayon est divisé par lui en sept rayons, qui viennent tous se placer sur un linge ou sur un papier blanc dans leur ordre, l'un au-dessus de l'autre et à d'inégales distances. Le premier est couleur de feu; le second, citron; le troisième, jaune; le quatrième, vert; le cinquième, bleu; le sixième, indigo; le septième, violet. Chacun de ces rayons, tamisé ensuite par cent autres prismes, ne changera jamais la couleur qu'il porte, de même qu'un or épuré ne change plus dans les creusets. Et, pour surabondance de preuve que chacun de ces rayons élémentaires porte en soi ce qui fait sa couleur à nos yeux, prenez un petit morceau de bois jaune, par exemple, et exposez-le au rayon couleur de feu : ce bois se teint à l'instant en couleur de feu; exposez-le au rayon vert : il prend la couleur verte; et ainsi du reste.

Quelle est donc la cause des couleurs dans la nature? Rien autre chose que la disposition des corps à réfléchir les rayons d'un certain ordre et à absorber tous les autres. Quelle est cette secrète disposition? Il démontre que c'est uniquement l'épaisseur des petites parties constituantes dont un corps est composé. Et comment se fait cette réflexion? On pensait que c'était parce que les rayons rebondissaient, comme une balle, sur la surface d'un corps solide. Point du tout; Newton enseigne aux philosophes étonnés que les corps ne sont opaques que parce que leurs pores sont larges, que la lumière se réfléchit à nos yeux du sein de ces pores mêmes, que, plus les pores d'un corps sont petits, plus le corps est transparent : ainsi le papier, qui réfléchit la lumière quand il est sec, la transmet quand il est huilé, parce que l'huile, remplissant ses pores, les rend beaucoup plus petits.

C'est là qu'examinant l'extrême porosité des corps, chaque partie ayant ses pores, et chaque partie de ses parties ayant les siens, il fait voir qu'on n'est point assuré qu'il y ait un pouce cubique de matière solide dans l'univers; tant notre esprit est éloigné de concevoir ce que c'est que la matière!

Ayant ainsi décomposé la lumière, et ayant porté la sagacité de ses découvertes jusqu'à démontrer le moyen de connaître la couleur composée par les couleurs primitives, il fait voir que ces rayons élémentaires, séparés par le moyen du prisme, ne sont arrangés dans leur ordre que parce qu'elles sont réfractées en cet ordre même; et c'est cette propriété, inconnue jusqu'à lui, de se rompre dans cette proportion, c'est cette réfraction inégale des rayons, ce pouvoir de réfracter le rouge moins que la couleur orangée, etc., qu'il nomme réfrangibilité.

Les rayons les plus réflexibles sont les plus réfrangibles; de là il fait voir que le même pouvoir cause la réflexion et la réfraction de la lumière.

Tant de merveilles ne sont que le commencement de ses découvertes; il a trouvé le secret de voir les vibrations et les secousses de la lumière, qui vont et viennent sans fin, et qui transmettent la lumière ou la réfléchissent selon l'épaisseur des parties qu'elles rencontrent; il a osé calculer l'épaisseur des particules d'air nécessaire entre deux verres posés l'un sur l'autre, l'un plat, l'autre convexe d'un côté, pour opérer telle transmission ou réflexion, et pour faire telle ou telle couleur.

De toutes ces combinaisons il trouve en quelle proportion la lumière agit sur les corps et les corps agissent sur elle.

Il a si bien vu la lumière qu'il a déterminé à quel point l'art de l'augmenter et d'aider nos yeux par des télescopes doit se borner.

Descartes, par une noble confiance bien pardonnable à l'ardeur que lui donnaient les commencements d'un art presque découvert par lui, Descartes espérait voir dans les astres, avec des lunettes d'approche, des objets aussi petits que ceux qu'on discerne sur la terre.

Newton a montré qu'on ne peut plus perfectionner les lunettes, à cause de cette réfraction et de cette réfrangibilité même qui, en nous rapprochant les objets, écartent trop les rayons élémentaires ; il a calculé, dans ces verres, la proportion de l'écartement des rayons rouges et des rayons bleus ; et, portant la démonstration dans des choses dont on ne soupçonnait pas même l'existence, il examine les inégalités que produit la figure du verre, et celle que fait la réfrangibilité. Il trouve que le verre objectif de la lunette étant convexe d'un côté et plat de l'autre, si le côté plat est tourné vers l'objet, le défaut qui vient de la construction et de la position du verre est cinq mille fois moindre que le défaut qui vient par la réfrangibilité ; et qu'ainsi ce n'est pas la figure des verres qui fait qu'on ne peut perfectionner les lunettes d'approche, mais qu'il faut s'en prendre à la matière même de la lumière.

Voilà pourquoi il inventa un télescope qui montre les objets par réflexion, et non point par réfraction. Cette nouvelle sorte de lunette est très difficile à faire, et n'est pas d'un usage bien aisé ; mais on dit en Angleterre qu'un télescope de réflexion de cinq pieds fait le même effet qu'une lunette d'approche de cent pieds.

DIX-SEPTIÈME LETTRE

SUR L'INFINI ET SUR LA CHRONOLOGIE

Le labyrinthe et l'abîme de l'infini est aussi une carrière nouvelle parcourue par Newton, et on tient de lui le fil avec lequel on s'y peut conduire.

Descartes se trouve encore son précurseur dans cette étonnante nouveauté ; il allait à grands pas dans sa géométrie jusque vers l'infini, mais il s'arrêta sur le bord. M. Wallis, vers le milieu du dernier siècle, fut le premier qui réduisit une fraction, par une division perpétuelle, à une suite infinie.

Milord Brounker se servit de cette suite pour carrer l'hyperbole.

Mercator publia une démonstration de cette quadrature. Ce fut à peu près dans ce temps que Newton, à l'âge de vingt-trois ans, avait inventé une méthode générale pour faire sur toutes les courbes ce qu'on venait d'essayer sur l'hyperbole.

C'est cette méthode de soumettre partout l'infini au calcul algébrique, que l'on appelle calcul différentiel ou des fluxions et calcul intégral. C'est l'art de nombrer et de mesurer avec exactitude ce dont on ne peut pas même concevoir l'existence.

En effet, ne croiriez-vous pas qu'on veut se moquer de vous, quand on vous dit qu'il y a des lignes infiniment grandes qui forment un angle infiniment petit ?

Qu'une droite qui est droite tant qu'elle est finie, changeant infiniment peu de direction, devient courbe infinie ; qu'une courbe peut devenir infiniment moins courbe ?

DIX-SEPTIÈME LETTRE

SUR L'INFINI ET SUR LA CHRONOLOGIE.

Le labyrinthe et l'abîme de l'infini est aussi une carrière nouvelle parcourue par Newton, et on tient de lui le fil avec lequel on s'y peut conduire.

Descartes se trouve encore son précurseur dans cette étonnante nouveauté; il allait à grands pas dans sa géométrie jusque vers l'infini, mais il s'arrêta sur le bord. M. Wallis, vers le milieu du dernier siècle, fut le premier qui réduisit une fraction, par une division perpétuelle, à une suite infinie.

Milord Brouncker se servit de cette suite pour carrer l'hyperbole.

Mercator publia une démonstration de cette quadrature. Ce fut à peu près dans ce temps que Newton, à l'âge de vingt-trois ans, avait inventé une méthode générale pour faire sur toutes les courbes ce qu'on venait d'essayer sur l'hyperbole.

C'est cette méthode de soumettre partout l'infini au calcul algébrique, que l'on appelle calcul différentiel ou des fluxions et calcul intégral. C'est l'art de nombrer et de mesurer avec exactitude ce dont on ne peut pas même concevoir l'existence.

En effet, ne croiriez-vous pas qu'on veut se moquer de vous, quand on vous dit qu'il y a des lignes infiniment grandes qui forment un angle infiniment petit?

Qu'une droite qui est droite tant qu'elle est finie, changeant infiniment peu de direction, devient courbe infinie : qu'une courbe peut devenir infiniment moins courbe?

Qu'il y a des carrés d'infini, des cubes d'infini, et des infinis d'infini, dont le pénultième n'est rien par rapport au dernier?

Tout cela, qui paraît d'abord l'excès de la déraison, est, en effet, l'effort de la finesse et de l'étendue de l'esprit humain, et la méthode de trouver des vérités qui étaient jusqu'alors inconnues.

Cet édifice si hardi est même fondé sur des idées simples. Il s'agit de mesurer la diagonale d'un carré, d'avoir l'aire d'une courbe, de trouver une racine carrée à un nombre qui n'en a point dans l'arithmétique ordinaire.

Et, après tout, tant d'ordres d'infinis ne doivent pas plus révolter l'imagination que cette proposition si connue, qu'entre un cercle et une tangente on peut toujours faire passer des courbes; ou cette autre, que la matière est toujours divisible. Ces deux vérités sont depuis longtemps démontrées, et ne sont pas plus compréhensibles que le reste.

On a disputé longtemps à Newton l'invention de ce fameux calcul. M. Leibnitz a passé en Allemagne pour l'inventeur des différences que Newton appelle fluxions, et Bernoulli a revendiqué le calcul intégral; mais l'honneur de la première découverte a demeuré à Newton, et il est resté aux autres la gloire d'avoir pu faire douter entre eux et lui.

C'est ainsi que l'on contesta à Harvey la découverte de la circulation du sang; à M. Perrault, celle de la circulation de la sève. Hartsœker et Leuvenhœck se sont contesté l'honneur d'avoir vu le premier les petits vermisseaux dont nous sommes faits. Ce même Hartsœker a disputé à M. Huyghens l'invention d'une nouvelle manière de calculer l'éloignement d'une étoile fixe. On ne sait encore quel philosophe trouva le problème de la roulette.

Quoi qu'il en soit, c'est par cette géométrie de l'infini que Newton est parvenu aux plus sublimes connaissances.

Il me reste à vous parler d'un autre ouvrage plus à la portée du genre humain, mais qui se sent toujours de cet esprit créateur que Newton portait dans toutes ses recherches; c'est une chronologie toute nouvelle, car, dans tout ce qu'il entreprenait, il fallait qu'il changeât les idées reçues par les autres hommes.

Accoutumé à débrouiller des chaos, il a voulu porter au moins quelque lumière dans celui de ces fables anciennes confondues avec l'histoire, et fixer une chronologie incertaine. Il est vrai qu'il n'y a point de famille, de ville, de nation qui ne cherche à reculer son origine; de plus, les premiers historiens sont les plus négligents à marquer les dates; les livres étaient moins communs mille fois qu'aujourd'hui; par conséquent, étant moins exposé à la critique, on trompait le monde plus impunément; et, puisqu'on a évidemment supposé des faits, il est assez probable qu'on a aussi supposé des dates.

En général, il parut à Newton que le monde était de cinq cents ans plus jeune que les chronologistes ne le disent; il fonde son idée sur le cours ordinaire de la nature et sur les observations astronomiques.

On entend ici par le cours de la nature le temps de chaque génération des hommes. Les Égyptiens s'étaient servis les premiers de cette manière incertaine de compter. Quand ils voulurent écrire les commencements de leur histoire, ils comptaient trois cent quarante et une générations depuis Ménès jusqu'à Séthon; et, n'ayant pas de dates fixes, ils évaluèrent trois générations à cent ans. Ainsi, ils comptaient du règne de Ménès au règne de Séthon onze mille trois cent quarante années.

Les Grecs, avant de compter par olympiades, suivirent la méthode des Égyptiens, et étendirent même un peu la durée des générations, poussant chaque génération jusqu'à quarante années.

Or, en cela, les Égyptiens et les Grecs se trompèrent dans leur calcul. Il est bien vrai que, selon le cours ordinaire de la nature, trois générations font environ cent à six-vingts ans; mais il s'en faut bien que trois règnes tiennent ce nombre d'années. Il est très évident qu'en général les hommes vivent plus longtemps que les rois ne règnent. Ainsi, un homme qui voudra écrire l'histoire sans avoir de dates précises, et qui saura qu'il y a eu neuf rois chez une nation, aura grand tort s'il compte trois cents ans pour ces neuf rois. Chaque génération est d'environ trente-six ans; chaque règne est environ de vingt, l'un portant l'autre. Prenez les trente rois d'Angleterre, depuis Guillaume le Conquérant jusqu'à Georges premier; ils ont régné six cent quarante-huit ans, ce qui, réparti sur les trente rois, donne à chacun vingt et un ans et demi de règne. Soixante-trois rois de France ont régné, l'un portant l'autre, chacun à peu près vingt ans. Voilà le cours ordinaire de la nature. Donc les anciens se sont trompés quand ils ont égalé, en général, la durée des règnes à la durée des générations; donc ils ont trop compté; donc il est à propos de retrancher un peu de leur calcul.

Les observations astronomiques semblent prêter encore un plus grand secours à notre philosophe; il en paraît plus fort en combattant sur son terrain.

Vous savez, Monsieur, que la terre, outre son mouvement annuel qui l'emporte autour du soleil d'Occident en Orient dans l'espace d'une année, a encore une révolution singulière, tout à fait inconnue jusqu'à ces derniers temps. Ses pôles ont un mouvement très lent de rétrogradation d'Orient en Occident, qui fait que chaque jour leur position ne répond pas précisément aux mêmes points du ciel. Cette différence, insensible en une année, devient assez forte avec le temps, et, au bout de soixante et douze ans, on trouve que la différence est d'un degré, c'est-à-dire de la trois cent soixantième partie de tout le ciel. Ainsi, après soixante et douze années, le colure de l'équinoxe du printemps, qui passait par une fixe, répond à une autre fixe. De là vient que le soleil, au lieu d'être dans la partie du ciel où était le Bélier du temps d'Hipparque, se trouve répondre à cette partie du ciel où était le Taureau, et les Gémeaux sont à la place où le Taureau était alors. Tous les signes ont changé de place; cependant, nous retenons toujours la manière de parler des anciens; nous disons que le soleil est dans le Bélier au printemps, par la même condescendance que nous disons que le soleil tourne.

Hipparque fut le premier chez les Grecs qui s'aperçut de quelques changements dans les constellations par rapport aux équinoxes, ou plutôt qui l'apprit des Égyptiens. Les philosophes attribuèrent ce mouvement aux étoiles; car alors on était bien loin d'imaginer une telle révolution dans la terre : on la croyait en tous sens immobile. Ils créèrent donc un ciel où ils attachèrent toutes les étoiles, et donnèrent à ce ciel un mouvement particulier qui le faisait avancer vers l'Orient, pendant que toutes les étoiles semblaient faire leur route journalière d'Orient en Occident. A cette erreur ils en ajoutèrent une seconde bien plus essentielle; ils crurent que le ciel prétendu des étoiles fixes avançait vers l'Orient d'un degré en cent années. Ainsi, ils se trompèrent dans leur calcul astronomique aussi bien que dans leur système physique. Par exemple, un astronome aurait dit alors : « L'équinoxe du printemps a été, du temps d'un tel observateur, dans un tel signe, à une telle étoile; il a fait deux degrés de chemin depuis cet observateur jusqu'à nous; or, deux degrés valent deux cents ans; donc cet observateur vivait deux cents ans avant moi. » Il est certain qu'un astronome qui eût raisonné ainsi se serait trompé justement de cinquante-quatre ans. Voilà pourquoi les anciens, doublement trompés, composèrent leur grande année du monde, c'est-à-dire de la révolution de tout le ciel, d'environ trente-six mille ans. Mais les modernes savent que cette révolution imaginaire du ciel des étoiles n'est autre chose que la révolution des pôles de la terre, qui se fait en vingt-cinq mille neuf cents années. Il est bon de remarquer ici, en passant, que Newton, en déterminant la figure de la terre, a très heureusement expliqué la raison de cette révolution.

Tout ceci posé, il reste, pour fixer la chronologie, de voir par quelle étoile le colure de l'équinoxe coupe aujourd'hui l'écliptique au printemps, et de savoir s'il ne se trouve point quelque ancien qui nous ait dit en quel point l'écliptique était coupé de son temps par le même colure des équinoxes.

Clément Alexandrin rapporte que Chiron, qui était de l'expédition des Argonautes, observa les constellations au temps de cette fameuse expédition, et fixa l'équinoxe du printemps au milieu du Bélier, l'équinoxe de l'automne au milieu de la Balance, le solstice de notre été au milieu du Cancer, et le solstice d'hiver au milieu du Capricorne.

Longtemps après l'expédition des Argonautes et un an avant la guerre du Péloponnèse, Méton observa que le point du solstice d'été passait par le huitième degré du Cancer.

Or, chaque signe du Zodiaque est de trente degrés. Du temps de Chiron, le solstice était à la moitié du signe, c'est-à-dire au quinzième degré; un an avant la guerre du Péloponnèse, il était au huitième : donc il avait retardé de sept degrés. Un degré vaut soixante et douze ans : donc, du commencement de la guerre du Péloponnèse à l'entreprise des Argonautes, il n'y a que sept fois soixante et douze ans, qui font cinq cent quatre ans, et non pas sept cents années, comme le disaient les Grecs. Ainsi, en comparant l'état du ciel d'aujourd'hui à l'état où il était alors, nous voyons que l'expédition des Argonautes doit être placée environ neuf cents ans avant Jésus-Christ, et non pas environ quatorze cents ans; et, par conséquent, le monde est moins vieux d'environ cinq cents ans qu'on ne pensait. Par là, toutes les époques sont rapprochées, et tout s'est fait plus tard qu'on ne le dit. Je ne sais si ce système ingénieux fera une grande fortune, et si on voudra se résoudre, sur ces idées, à réformer la chronologie du monde; peut-être les savants trouveraient-ils que c'en serait trop d'accorder à un même homme l'honneur d'avoir perfectionné à la fois la physique, la géométrie et l'histoire : ce serait une espèce de monarchie universelle, dont l'amour-propre s'accommode malaisément. Aussi, dans le temps que de très grands philosophes l'attaquaient sur l'attraction, d'autres combattaient son système chronologique. Le temps, qui devrait faire voir à qui la victoire est due, ne fera peut-être que laisser la dispute plus indécise.

DIX-HUITIÈME LETTRE

SUR LA TRAGÉDIE

Les Anglais avaient déjà un théâtre, aussi bien que les Espagnols, quand les Français n'avaient que des tréteaux. Shakespeare, qui passait pour le Corneille des Anglais, fleurissait à peu près dans le temps de Lope de Véga. Il créa le théâtre. Il avait un génie plein de force et de fécondité, de naturel et de sublime, sans la moindre étincelle de bon goût et sans la moindre connaissance des règles. Je vais vous dire une chose hasardée, mais vraie : c'est que le mérite de cet auteur a perdu le théâtre anglais ; il y a de si belles scènes, des morceaux si grands et si terribles répandus dans ses farces monstrueuses qu'on appelle tragédies, que ces pièces ont toujours été jouées avec un grand succès. Le temps, qui seul fait la réputation des hommes, rend à la fin leurs défauts respectables. La plupart des idées bizarres et gigantesques de cet auteur ont acquis au bout de deux cents ans le droit de passer pour sublimes ; les auteurs modernes l'ont presque tous copié ; mais ce qui réussissait chez Shakespeare est sifflé chez eux, et vous croyez bien que la vénération qu'on a pour cet ancien augmente à mesure que l'on méprise les modernes. On ne fait pas réflexion qu'il ne faudrait pas l'imiter, et le mauvais succès de ses copistes fait seulement qu'on le croit inimitable.

Vous savez que dans la tragédie du *Maure de Venise*, pièce très touchante, un mari étrangle sa femme sur le théâtre, et quand la pauvre femme est étranglée, elle s'écrie qu'elle meurt très injustement. Vous n'ignorez pas que dans *Hamlet* des fossoyeurs creusent une

DIX-HUITIÈME LETTRE

SUR LA TRAGÉDIE.

Les Anglais avaient déjà un théâtre, aussi bien que les Espagnols, quand les Français n'avaient que des tréteaux. Shakespeare, qui passait pour le Corneille des Anglais, fleurissait à peu près dans le temps de Lope de Véga. Il créa le théâtre. Il avait un génie plein de force et de fécondité, de naturel et de sublime, sans la moindre étincelle de bon goût et sans la moindre connaissance des règles. Je vais vous dire une chose hasardée, mais vraie : c'est que le mérite de cet auteur a perdu le théâtre anglais; il y a de si belles scènes, des morceaux si grands et si terribles répandus dans ses farces monstrueuses qu'on appelle tragédies, que ces pièces ont toujours été jouées avec un grand succès. Le temps, qui seul fait la réputation des hommes, rend à la fin leurs défauts respectables. La plupart des idées bizarres et gigantesques de cet auteur ont acquis au bout de deux cents ans le droit de passer pour sublimes; les auteurs modernes l'ont presque tous copié; mais ce qui réussissait chez Shakespeare est sifflé chez eux, et vous croyez bien que la vénération qu'on a pour cet ancien augmente à mesure que l'on méprise les modernes. On ne fait pas réflexion qu'il ne faudrait pas l'imiter, et le mauvais succès de ses copistes fait seulement qu'on le croit inimitable.

Vous savez que dans la tragédie du *More de Venise*, pièce très touchante, un mari étrangle sa femme sur le théâtre, et quand la pauvre femme est étranglée, elle s'écrie qu'elle meurt très injustement. Vous n'ignorez pas que dans *Hamlet* des fossoyeurs creusent une fosse en buvant, en chantant des vaudevilles, et en faisant sur les têtes des morts qu'ils rencontrent des plaisanteries convenables à gens de leur métier. Mais ce qui vous surprendra, c'est qu'on a imité ces sottises sous le règne de Charles second, qui était celui de la politesse et l'âge d'or des beaux-arts.

Otway, dans sa *Venise sauvée*, introduit le sénateur Antonio et la courtisane Naki au milieu des horreurs de la conspiration du marquis de Bedmar. Le vieux sénateur Antonio fait auprès de sa courtisane toutes les singeries d'un vieux débauché impuissant et hors du bon sens; il contrefait le taureau et le chien, il mord les jambes de sa maîtresse, qui lui donne des coups de pied et des coups de fouet. On a retranché de la pièce d'Otway ces bouffonneries, faites pour la plus vile canaille; mais on a laissé dans le *Jules César* de Shakespeare les plaisanteries des cordonniers et des savetiers romains introduits sur la scène avec Brutus et Cassius. C'est que la sottise d'Otway est moderne, et que celle de Shakespeare est ancienne.

Vous vous plaindrez sans doute que ceux qui jusqu'à présent, vous ont parlé du théâtre anglais, et surtout de ce fameux Shakespeare, ne vous aient encore fait voir que ses erreurs, et que personne n'ait traduit aucun de ces endroits frappants qui demandent grâce pour toutes ses fautes. Je vous répondrai qu'il est bien aisé de rapporter en prose les erreurs d'un poète, mais très difficile de traduire ses beaux vers. Tous les grimauds qui s'érigent en critiques des écrivains célèbres compilent des volumes; j'aimerais mieux deux pages qui nous fissent connaître quelques beautés; car je maintiendrai toujours, avec les gens de bon goût, qu'il y a plus à profiter dans douze vers d'Homère et de Virgile que dans toutes les critiques qu'on a faites de ces deux grands hommes.

J'ai hasardé de traduire quelques morceaux des meilleurs poètes anglais : en voici un de Shakespeare. Faites grâce à la copie en faveur de l'original; et souvenez-vous toujours, quand vous voyez une traduction, que vous ne voyez qu'une faible estampe d'un beau tableau.

J'ai choisi le monologue de la tragédie d'*Hamlet*, qui est su de tout le monde et qui commence par ce vers :

To be or not to be, that is the question.

C'est Hamlet, prince de Danemark, qui parle :

Demeure; il faut choisir, et passer à l'instant
De la vie à la mort, ou de l'être au néant.
Dieux cruels! s'il en est, éclairez mon courage.
Faut-il vieillir courbé sous la main qui m'outrage,
Supporter ou finir mon malheur et mon sort?
Qui suis-je? qui m'arrête? et qu'est-ce que la mort?
C'est la fin de nos maux, c'est mon unique asile;
Après de longs transports, c'est un sommeil tranquille;
On s'endort, et tout meurt. Mais un affreux réveil
Doit succéder peut-être aux douceurs du sommeil.
On nous menace, on dit que cette courte vie
De tourments éternels est aussitôt suivie.
O mort! moment fatal! affreuse éternité!
Tout cœur à ton seul nom se glace, épouvanté.
Eh! qui pourrait sans toi supporter cette vie,
De nos Prêtres menteurs bénir l'hypocrisie,
D'une indigne maîtresse encenser les erreurs,
Ramper sous un Ministre, adorer ses hauteurs,
Et montrer les langueurs de son âme abattue
A des amis ingrats qui détournent la vue?
La mort serait trop douce en ces extrémités;
Mais le scrupule parle, et nous crie : « Arrêtez. »
Il défend à nos mains cet heureux homicide,
Et d'un Héros guerrier fait un chrétien timide, etc.

Ne croyez pas que j'aie rendu ici l'anglais mot pour mot; malheur aux faiseurs de traductions littérales, qui en traduisant chaque parole énervent le sens! C'est bien là qu'on peut dire que la lettre tue, et que l'esprit vivifie.

Voici encore un passage d'un fameux tragique anglais, Dryden, poète du temps de Charles second, auteur plus fécond que judicieux, qui aurait une réputation sans mélange s'il n'avait fait que la dixième partie de ses ouvrages et dont le grand défaut est d'avoir voulu être universel.

Ce morceau commence ainsi :

When I consider life, t'is all a cheat.
Yet fool'd by hope men favour the deceit.

De desseins en regrets et d'erreurs en désirs
Les mortels insensés promènent leur folie.
Dans des malheurs présents, dans l'espoir des plaisirs,
Nous ne vivons jamais, nous attendons la vie.
Demain, demain, dit-on, va combler tous nos vœux;
Demain vient, et nous laisse encor plus malheureux.
Quelle est l'erreur, hélas! du soin qui nous dévore?
Nul de nous ne voudrait recommencer son cours :
De nos premiers moments nous maudissons l'aurore,
Et de la nuit qui vient nous attendons encore
Ce qu'ont en vain promis les plus beaux de nos jours, etc.

C'est dans ces morceaux détachés que les tragiques anglais ont jusqu'ici excellé; leurs pièces, presque toutes barbares, dépourvues de bienséance, d'ordre, de vraisemblance, ont des lueurs étonnantes au milieu de cette nuit. Le style est trop ampoulé, trop hors de la nature, trop copié des écrivains hébreux si remplis de l'enflure asiatique; mais aussi il faut avouer que les échasses du style figuré, sur lesquelles la langue anglaise est guindée, élèvent aussi l'esprit bien haut, quoique par une marche irrégulière.

Le premier Anglais qui ait fait une pièce raisonnable et écrite d'un bout à l'autre avec élégance est l'illustre M. Addison. Son *Caton d'Utique* est un chef-d'œuvre pour la diction et pour la beauté des vers. Le rôle de Caton est à mon gré fort au-dessus de celui de Cornélie dans le *Pompée* de Corneille; car Caton est grand sans enflure, et Cornélie, qui d'ailleurs n'est pas un personnage nécessaire, vise quelquefois au galimatias. Le Caton de M. Addison me paraît le plus beau personnage qui soit sur aucun théâtre, mais les autres rôles de la pièce n'y répondent pas, et cet ouvrage si bien écrit est défiguré par une intrigue froide d'amour, qui répand sur la pièce une langueur qui la tue.

La coutume d'introduire de l'amour à tort et à travers dans les ouvrages dramatiques passa de Paris à Londres vers l'an 1660 avec nos rubans et nos perruques. Les femmes, qui parent les spectacles, comme ici, ne veulent plus souffrir qu'on leur parle d'autre chose que d'amour. Le sage Addison eut la molle complaisance de plier la sévérité de son caractère aux mœurs de son temps, et gâta un chef-d'œuvre pour avoir voulu plaire.

Depuis lui, les pièces sont devenues plus régulières, le peuple plus difficile, les auteurs plus corrects et moins hardis. J'ai vu des pièces nouvelles fort sages, mais froides. Il semble que les Anglais n'aient été faits jusqu'ici que pour produire des beautés irrégulières. Les monstres brillants de Shakespeare plaisent mille fois plus que la sagesse moderne. Le génie poétique des Anglais ressemble jusqu'à présent à un arbre touffu planté par la nature, jetant au hasard mille rameaux, et croissant inégalement et avec force; il meurt, si vous voulez forcer sa nature et le tailler en arbre des jardins de Marly.

DIX-NEUVIÈME LETTRE

SUR LA COMÉDIE

Je ne sais comment le sage et ingénieux M. de Muralt, dont nous avons les lettres sur les Anglais et sur les Français, s'est borné, en parlant de la comédie, à critiquer un comique nommé Shadwell. Cet auteur était assez méprisé de son temps ; il n'était point le poète des honnêtes gens ; ses pièces, goûtées pendant quelques représentations par le peuple, étaient dédaignées par tous les gens de bon goût, et ressemblaient à tant de pièces que j'ai vues, en France, attirer la foule et révolter les lecteurs, et dont on a pu dire :

Tout Paris les condamne, et tout Paris les court.

M. de Muralt aurait dû, ce semble, nous parler d'un auteur excellent qui vivait alors : c'était M. Wicherley, qui fut longtemps l'amant déclaré de la maîtresse la plus illustre de Charles second. Cet homme, qui passait sa vie dans le plus grand monde, en connaissait parfaitement les vices et les ridicules, et les peignait du pinceau le plus ferme et des couleurs les plus vraies.

Il a fait un misanthrope, qu'il a imité de Molière. Tous les traits de Wicherley y sont plus forts et plus hardis que ceux de notre misanthrope ; mais aussi ils ont moins de finesse et de bienséance. L'auteur anglais a corrigé le seul défaut qui soit dans la pièce de Molière ; ce défaut est le manque d'intrigue et d'intérêt. La pièce anglaise est intéressante, et l'intrigue en est ingénieuse, elle est trop hardie sans doute pour nos mœurs. C'est un capitaine de vaisseau plein de valeur,

DIX-NEUVIÈME LETTRE

SUR LA COMÉDIE.

Je ne sais comment le sage et ingénieux M. de Muralt, dont nous avons les lettres sur les Anglais et sur les Français, s'est borné, en parlant de la comédie, à critiquer un comique nommé Shadwell. Cet auteur était assez méprisé de son temps; il n'était point le poète des honnêtes gens; ses pièces, goûtées pendant quelques représentations par le peuple, étaient dédaignées par tous les gens de bon goût, et ressemblaient à tant de pièces que j'ai vues, en France, attirer la foule et révolter les lecteurs, et dont on a pu dire :

Tout Paris les condamne, et tout Paris les court.

M. de Muralt aurait dû, ce semble, nous parler d'un auteur excellent qui vivait alors : c'était M. Wicherley, qui fut longtemps l'amant déclaré de la maîtresse la plus illustre de Charles second. Cet homme, qui passait sa vie dans le plus grand monde, en connaissait parfaitement les vices et les ridicules, et les peignait du pinceau le plus ferme et des couleurs les plus vraies.

Il a fait un misanthrope, qu'il a imité de Molière. Tous les traits de Wicherley y sont plus forts et plus hardis que ceux de notre misanthrope; mais aussi ils ont moins de finesse et de bienséance. L'auteur anglais a corrigé le seul défaut qui soit dans la pièce de Molière; ce défaut est le manque d'intrigue et d'intérêt. La pièce anglaise est intéressante, et l'intrigue en est ingénieuse, elle est trop hardie sans doute pour nos mœurs. C'est un capitaine de vaisseau plein de valeur, de franchise, et de mépris pour le genre humain; il a un ami sage et sincère dont il se défie, et une maîtresse dont il est tendrement aimé, sur laquelle il ne daigne pas jeter les yeux; au contraire, il a mis toute sa confiance dans un faux ami qui est le plus indigne homme qui respire, et il a donné son cœur à la plus coquette et à la plus perfide de toutes les femmes; il est bien assuré que cette femme est une Pénélope, et ce faux ami un Caton. Il part pour s'aller battre contre les Hollandais, et laisse tout son argent, ses pierreries et tout ce qu'il a au monde à cette femme de bien, et recommande cette femme elle-même à cet ami fidèle, sur lequel il compte si fort. Cependant, le véritable honnête homme dont il se défie tant s'embarque avec lui; et la maîtresse qu'il n'a pas seulement daigné regarder se déguise en page et fait le voyage sans que le capitaine s'aperçoive de son sexe de toute la campagne.

Le capitaine, ayant fait sauter son vaisseau dans un combat, revient à Londres, sans secours, sans vaisseau et sans argent, avec son page et son ami, ne connaissant ni l'amitié de l'un, ni l'amour de l'autre. Il va droit chez la perle des femmes, qu'il compte retrouver avec sa cassette et sa fidélité : il la retrouve mariée avec l'honnête fripon à qui il s'était confié, et on ne lui a pas plus gardé son dépôt que le reste. Mon homme a toutes les peines du monde à croire qu'une femme de bien puisse faire de pareils tours; mais, pour l'en convaincre mieux, cette honnête dame devient amoureuse du petit page, et veut le prendre à force. Mais, comme il faut que justice se fasse et que, dans une pièce de théâtre, le vice soit puni et la vertu récompensée, il se trouve, à fin de compte, que le capitaine se met à la place du page, couche avec son infidèle, fait cocu son traître ami, lui donne un bon coup d'épée au travers du corps, reprend sa cassette et épouse son page. Vous remarquerez qu'on a encore lardé cette pièce d'une comtesse de Pimbesche, vieille plaideuse, parente du capitaine, laquelle est bien la plus plaisante créature et le meilleur caractère qui soit au théâtre.

Wicherley a encore tiré de Molière une pièce non moins singulière et non moins hardie : c'est une espèce d'*École des Femmes*.

Le principal personnage de la pièce est un drôle à bonnes fortunes, la terreur des maris de Londres, qui, pour être plus sûr de son fait, s'avise de faire courir le bruit que dans sa dernière maladie les chirurgiens ont trouvé à propos de le faire eunuque. Avec cette belle réputation, tous les maris lui amènent leurs femmes, et le pauvre homme n'est plus embarrassé que du choix; il donne surtout la préférence à une petite campagnarde qui a beaucoup d'innocence et de tempérament, et qui fait son mari cocu avec une bonne foi qui vaut mieux que la malice des dames les plus expertes. Cette pièce n'est pas, si vous voulez, l'école des bonnes mœurs, mais en vérité c'est l'école de l'esprit et du bon comique.

Un chevalier Vanbrugh a fait des comédies encore plus plaisantes, mais moins ingénieuses. Ce chevalier était un homme de plaisir; par-dessus cela, poète et architecte : on prétend qu'il écrivait comme il bâtissait, un peu grossièrement. C'est lui qui a bâti le fameux château de Blenheim, pesant et durable monument de notre malheureuse bataille d'Hochstedt. Si les appartements étaient seulement aussi larges que les murailles sont épaisses, ce château serait assez commode.

On a mis dans l'épitaphe de Vanbrugh qu'*on souhaitait que la terre ne lui fût point légère, attendu que de son vivant il l'avait si inhumainement chargée*.

Ce chevalier, ayant fait un tour en France avant la guerre de 1701, fut mis à la Bastille, et y resta quelque temps, sans avoir jamais pu savoir ce qui lui avait attiré cette distinction de la part de notre ministère. Il fit une comédie à la Bastille; et ce qui est à mon sens fort étrange, c'est qu'il n'y a dans cette pièce aucun trait contre le pays dans lequel il essuya cette violence.

Celui de tous les Anglais qui a porté le plus loin la gloire du théâtre comique est feu M. Congreve. Il n'a fait que peu de pièces, mais toutes sont excellentes dans leur genre. Les règles du théâtre y sont rigoureusement observées; elles sont pleines de caractères nuancés avec une extrême finesse; on n'y essuie pas la moindre mauvaise plaisanterie; vous y voyez partout le langage des honnêtes gens avec des actions de fripon : ce qui prouve qu'il connaissait bien son monde, et qu'il vivait dans ce qu'on appelle la bonne compagnie. Il était infirme et presque mourant quand je l'ai connu; il avait un défaut, c'était de ne pas assez estimer son premier métier d'auteur, qui avait fait sa réputation et sa fortune. Il me parlait de ses ouvrages comme de bagatelles au-dessous de lui, et me dit, à la première conversation, de ne le voir que sur le pied d'un gentilhomme qui vivait très uniment; je lui répondis que, s'il avait eu le malheur de n'être qu'un gentilhomme comme un autre, je ne le serais jamais venu voir, et je fus très choqué de cette vanité si mal placée.

Ses pièces sont les plus spirituelles et les plus exactes; celles de Vanbrugh, les plus gaies, et celles de Wicherley, les plus fortes.

Il est à remarquer qu'aucun de ces beaux esprits n'a mal parlé de Molière. Il n'y a que les mauvais auteurs anglais qui aient dit du mal de ce grand homme. Ce sont les mauvais musiciens d'Italie qui méprisent Lulli, mais un Buononcini l'estime et lui rend justice, de même qu'un Mead fait cas d'un Helvétius et d'un Silva.

L'Angleterre a encore de bons poètes comiques, tels que le chevalier Steele et M. Cibber, excellent comédien et d'ailleurs poète du Roi, titre qui paraît ridicule, mais qui ne laisse pas de donner mille écus de rente et de beaux privilèges. Notre grand Corneille n'en a pas eu tant.

Au reste ne me demandez pas que j'entre ici dans le moindre détail de ces pièces anglaises dont je suis si grand partisan, ni que je vous rapporte un bon mot ou une plaisanterie des Wicherley et des Congreve; on ne rit point dans une traduction. Si vous voulez connaître la comédie anglaise, il n'y a d'autre moyen pour cela que d'aller à Londres, d'y rester trois ans, d'apprendre bien l'anglais et de voir la comédie tous les jours. Je n'ai pas grand plaisir en lisant Plaute et Aristophane :

pourquoi? c'est que je ne suis ni Grec ni Romain. La finesse des bons mots, l'allusion, l'à-propos, tout cela est perdu pour un étranger.

Il n'en est pas de même dans la tragédie; il n'est question chez elle que de grandes passions et de sottises héroïques consacrées par de vieilles erreurs de fable ou d'histoire. *Œdipe*, *Électre* appartiennent aux Espagnols, aux Anglais, et à nous, comme aux Grecs. Mais la bonne comédie est la peinture parlante des ridicules d'une nation, et si vous ne connaissez pas la nation à fond, vous ne pouvez guère juger de la peinture.

VINGTIÈME LETTRE

SUR LES SEIGNEURS QUI CULTIVENT LES LETTRES.

Il a été un temps en France où les Beaux-Arts étaient cultivés par les premiers de l'État. Les courtisans surtout s'en mêlaient, malgré la dissipation, le goût des riens, la passion pour l'intrigue, toutes divinités du pays.

Il me paraît qu'on est actuellement à la cour dans tout un autre goût que celui des lettres. Peut-être dans peu de temps la mode de penser reviendra-t-elle : un roi n'a qu'à vouloir; on fait de cette nation-ci tout ce qu'on veut. En Angleterre communément on pense, et les lettres y sont plus en honneur qu'en France. Cet avantage est une suite nécessaire de la forme de leur gouvernement. Il y a à Londres environ huit cents personnes qui ont le droit de parler en public et de soutenir les intérêts de la nation; environ cinq ou six mille prétendent au même honneur à leur tour; tout le reste s'érige en juge de ceux-ci, et chacun peut faire imprimer ce qu'il pense sur les affaires publiques. Ainsi, toute la nation est dans la nécessité de s'instruire. On n'entend parler que des gouvernements d'Athènes et de Rome; il faut bien, malgré qu'on en ait, lire les auteurs qui en ont traité; cette étude conduit naturellement aux Belles-Lettres. En général, les hommes ont l'esprit de leur état. Pourquoi d'ordinaire nos magistrats, nos avocats, nos médecins et beaucoup d'ecclésiastiques ont-ils plus de lettres, de goût et d'esprit que l'on n'en trouve dans toutes les autres professions? C'est que réellement leur état est d'avoir

VINGTIÈME LETTRE

SUR LES SEIGNEURS QUI CULTIVENT LES LETTRES.

Il a été un temps en France où les Beaux-Arts étaient cultivés par les premiers de l'État. Les courtisans surtout s'en mêlaient, malgré la dissipation, le goût des riens, la passion pour l'intrigue, toutes divinités du pays.

Il me paraît qu'on est actuellement à la cour dans tout un autre goût que celui des lettres. Peut-être dans peu de temps la mode de penser reviendra-t-elle : un roi n'a qu'à vouloir; on fait de cette nation-ci tout ce qu'on veut. En Angleterre communément on pense, et les lettres y sont plus en honneur qu'en France. Cet avantage est une suite nécessaire de la forme de leur gouvernement. Il y a à Londres environ huit cents personnes qui ont le droit de parler en public et de soutenir les intérêts de la nation; environ cinq ou six mille prétendent au même honneur à leur tour; tout le reste s'érige en juge de ceux-ci, et chacun peut faire imprimer ce qu'il pense sur les affaires publiques. Ainsi, toute la nation est dans la nécessité de s'instruire. On n'entend parler que des gouvernements d'Athènes et de Rome; il faut bien, malgré qu'on en ait, lire les auteurs qui en ont traité; cette étude conduit naturellement aux Belles-Lettres. En général, les hommes ont l'esprit de leur état. Pourquoi d'ordinaire nos magistrats, nos avocats, nos médecins et beaucoup d'ecclésiastiques ont-ils plus de lettres, de goût et d'esprit que l'on n'en trouve dans toutes les autres professions? C'est que réellement leur état est d'avoir l'esprit cultivé, comme celui d'un marchand est de connaître son négoce. Il n'y a pas longtemps qu'un seigneur anglais fort jeune me vint voir à Paris en revenant d'Itàlie; il avait fait en vers une description de ce pays-là, aussi poliment écrite que tout ce qu'ont fait le comte de Rochester et nos Chaulieu, nos Sarrasin et nos Chapelle.

La traduction que j'en ai faite est si loin d'atteindre à la force et à la bonne plaisanterie de l'original que je suis obligé d'en demander sérieusement pardon à l'auteur et à ceux qui entendent l'anglais; cependant, comme je n'ai pas d'autre moyen de faire connaître les vers de milord..., les voici dans ma langue :

Qu'ai-je donc vu dans l'Italie?
Orgueil, astuce et pauvreté,
Grands compliments, peu de bonté,
Et beaucoup de cérémonie;
L'extravagante comédie
Que souvent l'Inquisition *
Veut qu'on nomme religion,
Mais qu'ici nous nommons folie.
La nature, en vain bienfaisante,
Veut enrichir ces lieux charmants;
Des Prêtres la main désolante
Étouffe ses plus beaux présents.
Les Monsignors, soi-disant grands,
Seuls dans leurs palais magnifiques,
Y sont d'illustres fainéants,
Sans argent et sans domestiques.
Pour les petits, sans liberté,
Martyrs du joug qui les domine,
Ils ont fait vœu de pauvreté,
Priant Dieu par oisiveté,
Et toujours jeûnant par famine.
Ces beaux lieux, du Pape bénis,
Semblent habités par les diables,
Et les habitants misérables
Sont damnés dans le paradis.

Peut-être dira-t-on que ces vers sont d'un hérétique; mais on traduit tous les jours, et même assez mal, ceux d'Horace et de Juvénal, qui avaient le malheur d'être

* Il entend sans doute les farces que certains prédicateurs jouent dans les places publiques. *(Note de Voltaire.)*

païens. Vous savez bien qu'un traducteur ne doit pas répondre des sentiments de son auteur; tout ce qu'il peut faire, c'est de prier Dieu pour sa conversion, et c'est ce que je ne manque pas de faire pour celle du milord.

VINGT ET UNIÈME LETTRE

SUR LE COMTE DE ROCHESTER ET M. WALLER.

Tout le monde connaît de réputation le comte de Rochester. M. de Saint-Évremond en a beaucoup parlé; mais il ne nous a fait connaître du fameux Rochester que l'homme de plaisir, l'homme à bonnes fortunes; je voudrais faire connaître en lui l'homme de génie et le grand poète. Entre autres ouvrages qui brillaient de cette imagination ardente qui n'appartenait qu'à lui, il a fait quelques satires sur les mêmes sujets que notre célèbre Despréaux avait choisis. Je ne sais rien de plus utile, pour se perfectionner le goût, que la comparaison des grands génies qui se sont exercés sur les mêmes matières.

Voici comme M. Despréaux parle contre la raison humaine, dans sa satire sur l'homme :

> Cependant, à le voir, plein de vapeurs légères,
> Soi-même se bercer de ses propres chimères,
> Lui seul de la nature est la base et l'appui,
> Et le dixième Ciel ne tourne que pour lui.
> De tous les animaux il est ici le maître,
> Qui pourrait le nier, poursuis-tu? Moi, peut-être :
> Ce maître prétendu qui leur donne des lois,
> Ce Roi des animaux, combien a-t-il de Rois?

Voici à peu près comme s'exprime le comte de Rochester, dans sa satire sur l'homme; mais il faut que le lecteur se ressouvienne toujours que ce sont ici des traductions libres de poètes anglais, et que la gêne de notre versification et les bienséances délicates de notre langue ne peuvent donner l'équivalent de la licence impétueuse du style anglais.

VINGT ET UNIÈME LETTRE

SUR LE COMTE DE ROCHESTER ET M. WALLER.

Tout le monde connaît de réputation le comte de Rochester. M. de Saint-Évremond en a beaucoup parlé; mais il ne nous a fait connaître du fameux Rochester que l'homme de plaisir, l'homme à bonnes fortunes; je voudrais faire connaître en lui l'homme de génie et le grand poète. Entre autres ouvrages qui brillaient de cette imagination ardente qui n'appartenait qu'à lui, il a fait quelques satires sur les mêmes sujets que notre célèbre Despréaux avait choisis. Je ne sais rien de plus utile, pour se perfectionner le goût, que la comparaison des grands génies qui se sont exercés sur les mêmes matières.

Voici comme M. Despréaux parle contre la raison humaine, dans sa satire sur l'homme :

> Cependant, à le voir, plein de vapeurs légères,
> Soi-même se bercer de ses propres chimères,
> Lui seul de la nature est la base et l'appui,
> Et le dixième Ciel ne tourne que pour lui.
> De tous les animaux il est ici le maître;
> Qui pourrait le nier, poursuis-tu? Moi, peut-être :
> Ce maître prétendu qui leur donne des lois,
> Ce Roi des animaux, combien a-t-il de Rois?

Voici à peu près comme s'exprime le comte de Rochester, dans sa satire sur l'homme; mais il faut que le lecteur se ressouvienne toujours que ce sont ici des traductions libres de poètes anglais, et que la gêne de notre versification et les bienséances délicates de notre langue ne peuvent donner l'équivalent de la licence impétueuse du style anglais.

Cet esprit que je hais, cet esprit plein d'erreur,
Ce n'est pas ma raison, c'est la tienne, Docteur;
C'est ta raison frivole, inquiète, orgueilleuse,
Des sages animaux rivale dédaigneuse,
Qui croit entre eux et l'Ange occuper le milieu,
Et pense être ici-bas l'image de son Dieu,
Vil atome importun, qui croit, doute, dispute,
Rampe, s'élève, tombe, et nie encor sa chute;
Qui nous dit : « Je suis libre », en nous montrant ses fers,
Et dont l'œil trouble et faux croit percer l'Univers.
Allez, révérends fous, bienheureux fanatiques!
Compilez bien l'amas de vos riens scolastiques!
Pères de visions et d'énigmes sacrés,
Auteurs du labyrinthe où vous vous égarez,
Allez obscurément éclaircir vos mystères,
Et courez dans l'école adorer vos chimères!
Il est d'autres erreurs : il est de ces dévots,
Condamnés par eux-même à l'ennui du repos.
Ce mystique encloîtré, fier de son indolence,
Tranquille au sein de Dieu, qu'y peut-il faire? Il pense.
Non, tu ne penses point, misérable, tu dors,
Inutile à la terre et mis au rang des morts;
Ton esprit énervé croupit dans la mollesse;
Réveille-toi, sois homme, et sors de ton ivresse.
L'homme est né pour agir, et tu prétends penser!

Que ces idées soient vraies ou fausses, il est toujours certain qu'elles sont exprimées avec une énergie qui fait le poète.

Je me garderai bien d'examiner la chose en philosophe, et de quitter ici le pinceau pour le compas. Mon unique but, dans cette lettre, est de faire connaître le génie des poètes anglais, et je vais continuer sur ce ton.

On a beaucoup entendu parler du célèbre Waller en France. MM. de La Fontaine, Saint-Évremond et Bayle ont fait son éloge; mais on ne connaît de lui que son nom. Il eut à peu près à Londres la même réputation que Voiture eut à Paris, et je crois qu'il la méritait mieux. Voiture vint dans un temps où l'on sortait de la barbarie, et où l'on était encore dans l'ignorance. On voulait avoir de l'esprit, et on n'en avait pas encore. On cherchait des tours au lieu de pensées : les faux brillants se trouvent plus aisément que les pierres précieuses. Voiture, né avec un génie frivole et facile, fut le premier qui brilla dans cette aurore de la littérature française; s'il était venu après les grands hommes qui ont illustré le siècle de Louis XIV, ou il aurait été inconnu, ou l'on n'aurait parlé de lui que pour le mépriser, ou il aurait corrigé son style. M. Despréaux le loue, mais c'est dans ses premières satires; c'est dans le temps où le goût de Despréaux n'était pas encore formé : il était jeune, et dans l'âge où l'on juge des hommes par la réputation, et non pas par eux-mêmes. D'ailleurs, Despréaux était souvent bien injuste dans ses louanges et dans ses censures. Il louait Segrais, que personne ne lit; il insultait Quinault, que tout le monde sait par cœur; et il ne dit rien de La Fontaine. Waller, meilleur que Voiture, n'était pas encore parfait; ses ouvrages galants respirent la grâce; mais la négligence les fait languir, et souvent les pensées fausses les défigurent. Les Anglais n'étaient pas encore parvenus de son temps à écrire avec correction. Ses ouvrages sérieux sont pleins d'une vigueur qu'on n'attendrait pas de la mollesse de ses autres pièces. Il a fait un éloge funèbre de Cromwell, qui, avec ses défauts, passe pour un chef-d'œuvre. Pour entendre cet ouvrage, il faut savoir que Cromwell mourut le jour d'une tempête extraordinaire.

La pièce commence ainsi :

Il n'est plus; c'en est fait; soumettons-nous au sort :
Le ciel a signalé ce jour par des tempêtes,
Et la voix du tonnerre, éclatant sur nos têtes,
  Vient d'annoncer sa mort.
Par ses derniers soupirs il ébranle cette île,
Cette île que son bras fit trembler tant de fois,
  Quand, dans le cours de ses exploits,
  Il brisait la tête des rois
Et soumettait un peuple à son joug seul docile.
Mer, tu t'en es troublée. O mer! tes flots émus
Semblent dire en grondant aux plus lointains rivages
Que l'effroi de la terre, et ton maître, n'est plus.
Tel au Ciel autrefois s'envola Romulus,
Tel il quitta la terre au milieu des orages,
Tel d'un peuple guerrier il reçut les hommages :
Obéi dans sa vie, à sa mort adoré,
Son palais fut un temple, etc.

C'est à propos de cet éloge de Cromwell que Waller fit au roi Charles second cette réponse, qu'on trouve dans le dictionnaire de Bayle. Le Roi, pour qui Waller venait, selon l'usage des rois et des poètes, de présenter une pièce farcie de louanges, lui reprocha qu'il avait fait mieux pour Cromwell. Waller répondit : « Sire, nous autres poètes, nous réussissons mieux dans les fictions que dans les vérités. » Cette réponse n'était pas si sincère que celle de l'ambassadeur hollandais, qui, lorsque le même roi se plaignait que l'on avait moins d'égards pour lui que pour Cromwell, répondit : « Ah! Sire, ce Cromwell était tout autre chose. »

Mon but n'est pas de faire un commentaire sur le caractère de Waller ni de personne; je ne considère les gens après leur mort que par leurs ouvrages; tout le reste est pour moi anéanti; je remarque seulement que Waller, né à la cour, avec soixante mille livres de rente, n'eut jamais ni le sot orgueil ni la nonchalance d'abandonner son talent. Les comtes de Dorset et de Roscommon, les deux ducs de Buckingham, milord Halifax et tant d'autres n'ont pas cru déroger en devenant de très grands poètes et d'illustres écrivains. Leurs ouvrages leur font plus d'honneur que leur nom. Ils ont cultivé les lettres comme s'ils en eussent attendu leur fortune; ils ont, de plus, rendu les arts respectables aux yeux du peuple, qui, en tout, a besoin d'être mené par les grands, et qui pourtant se règle moins sur eux en Angleterre qu'en aucun lieu du monde.

VINGT-DEUXIÈME LETTRE

VINGT-DEUXIÈME LETTRE

SUR M. POPE ET QUELQUES AUTRES POÈTES FAMEUX.

Je voulais vous parler de M. Prior, un des plus aimables poètes d'Angleterre, que vous avez vu à Paris plénipotentiaire et envoyé extraordinaire en 1712. Je comptais vous donner aussi quelque idée des poésies de milord Roscommon, de milord Dorset, etc. ; mais je sens qu'il me faudrait faire un gros livre, et qu'après bien de la peine, je ne vous donnerais qu'une idée fort imparfaite de tous ces ouvrages. La poésie est une espèce de musique : il faut l'entendre pour en juger. Quand je vous traduis quelques morceaux de ces poésies étrangères, je vous note imparfaitement leur musique, mais je ne puis exprimer le goût de leur chant.

Il y a surtout un poème anglais que je désespérerais de vous faire connaître; il s'appelle *Hudibras.* Le sujet est la guerre civile et la secte des puritains tournée en ridicule. C'est *Don Quichotte*, c'est notre *Satire Ménippée* fondus ensemble; c'est, de tous les livres que j'aie jamais lus, celui où j'ai trouvé le plus d'esprit; mais c'est aussi le plus intraduisible. Qui croirait qu'un livre qui saisit tous les ridicules du genre humain, et qui a plus de pensées que de mots, ne peut souffrir la traduction? C'est que presque tout y fait allusion à des aventures particulières : le plus grand ridicule tombe principalement sur les théologiens, que peu de gens du monde entendent; il faudrait à tous moments un commentaire, et la plaisanterie expliquée cesse d'être plaisanterie : tout commentateur de bons mots est un sot.

Voilà pourquoi on n'entendra jamais bien en France les livres de l'ingénieux docteur Swift, qu'on appelle le

Rabelais d'Angleterre. Il a l'honneur d'être prêtre, comme Rabelais, et de se moquer de tout, comme lui; mais on lui fait grand tort, selon mon petit sens, de l'appeler de ce nom. Rabelais, dans son extravagant et inintelligible livre, a répandu une extrême gaieté et une plus grande impertinence; il a prodigué l'érudition, les ordures et l'ennui; un bon conte de deux pages est acheté par des volumes de sottises. Il n'y a que quelques personnes d'un goût bizarre qui se piquent d'entendre et d'estimer tout cet ouvrage; le reste de la nation rit des plaisanteries de Rabelais et méprise le livre. On le regarde comme le premier des bouffons; on est fâché qu'un homme qui avait tant d'esprit en ait fait un si misérable usage; c'est un philosophe ivre, qui n'a écrit que dans le temps de son ivresse.

M. Swift est Rabelais dans son bon sens, et vivant en bonne compagnie; il n'a pas, à la vérité, la gaieté du premier, mais il a toute la finesse, la raison, le choix, le bon goût qui manquent à notre curé de Meudon. Ses vers sont d'un goût singulier et presque inimitable; la bonne plaisanterie est son partage en vers et en prose; mais, pour le bien entendre, il faut faire un petit voyage dans son pays.

Vous pouvez plus aisément vous former quelque idée de M. Pope; c'est, je crois, le poète le plus élégant, le plus correct et, ce qui est encore beaucoup, le plus harmonieux qu'ait eu l'Angleterre. Il a réduit les sifflements aigres de la trompette anglaise aux sons doux de la flûte; on peut le traduire, parce qu'il est extrêmement clair, et que ses sujets pour la plupart sont généraux et du ressort de toutes les nations.

On connaîtra bientôt en France son *Essai sur la Critique*, par la traduction en vers qu'en fait M. l'abbé du Resnel.

Voici un morceau de son poème de *la Boucle de cheveux*, que je viens de traduire avec ma liberté ordinaire; car, encore une fois, je ne sais rien de pis que de traduire un poète mot pour mot.

Umbriel à l'instant, vieux Gnome rechigné,
Va, d'une aile pesante et d'un air renfrogné,

Chercher, en murmurant, la caverne profonde
Où, loin des doux rayons que répand l'œil du monde,
La Déesse aux vapeurs a choisi son séjour.
Les tristes Aquilons y sifflent à l'entour,
Et le souffle malsain de leur aride haleine
Y porte aux environs la fièvre et la migraine.
Sur un riche sofa, derrière un paravent,
Loin des flambeaux, du bruit, des parleurs et du vent,
La quinteuse Déesse incessamment repose,
Le cœur gros de chagrins, sans en savoir la cause,
N'ayant pensé jamais, l'esprit toujours troublé,
L'œil chargé, le teint pâle et l'hypocondre enflé.
La médisante envie est assise auprès d'elle,
Vieux spectre féminin, décrépite pucelle,
Avec un air dévot déchirant son prochain,
Et chansonnant les gens l'Évangile à la main.
Sur un lit plein de fleurs négligemment penchée,
Une jeune beauté non loin d'elle est couchée :
C'est l'Affectation, qui grasseye en parlant,
Écoute sans entendre, et lorgne en regardant,
Qui rougit sans pudeur, et rit de tout sans joie,
De cent maux différents prétend qu'elle est la proie,
Et, pleine de santé sous le rouge et le fard,
Se plaint avec mollesse, et se pâme avec art.

Si vous lisiez ce morceau dans l'original, au lieu de le lire dans cette faible traduction, vous le compareriez à la description de la mollesse dans *le Lutrin*.

En voilà bien honnêtement pour les poètes anglais. Je vous ai touché un petit mot de leurs philosophes. Pour de bons historiens, je ne leur en connais pas encore; il a fallu qu'un Français ait écrit leur histoire. Peut-être le génie anglais, qui est ou froid ou impétueux, n'a pas encore saisi cette éloquence naïve et cet air noble et simple de l'histoire; peut-être aussi l'esprit de parti, qui fait voir trouble, a décrédité tous leurs historiens : la moitié de la nation est toujours l'ennemie de l'autre. J'ai trouvé des gens qui m'ont assuré que milord Marlborough était un poltron, et que M. Pope était un sot, comme, en France, quelques jésuites trouvent Pascal un petit esprit, et quelques jansénistes disent que le père Bourdaloue n'était qu'un bavard. Marie Stuart est une sainte héroïne pour les jacobites; pour les autres, c'est une débauchée, une adultère, une homicide : ainsi en Angleterre on a des factums et point d'histoire. Il est vrai qu'il y a à présent un

M. Gordon, excellent traducteur de Tacite, très capable d'écrire l'histoire de son pays, mais M. Rapin de Thoyras l'a prévenu. Enfin il me paraît que les Anglais n'ont point de si bons historiens que nous, qu'ils n'ont point de véritables tragédies, qu'ils ont des comédies charmantes, des morceaux de poésie admirables et des philosophes qui devraient être les précepteurs du genre humain.

Les Anglais ont beaucoup profité des ouvrages de notre langue ; nous devrions à notre tour emprunter d'eux, après leur avoir prêté ; nous ne sommes venus, les Anglais et nous, qu'après les Italiens, qui en tout ont été nos maîtres, et que nous avons surpassés en quelque chose. Je ne sais à laquelle des trois nations il faudra donner la préférence ; mais heureux celui qui sait sentir leurs différents mérites !

VINGT-TROISIÈME LETTRE

VINGT-TROISIÈME LETTRE

SUR LA CONSIDÉRATION QU'ON DOIT AUX GENS DE LETTRES.

Ni en Angleterre ni en aucun pays du monde on ne trouve des établissements en faveur des beaux-arts comme en France. Il y a presque partout des universités; mais c'est en France seulement qu'on trouve ces utiles encouragements pour l'astronomie, pour toutes les parties des mathématiques, pour celle de la médecine, pour les recherches de l'Antiquité, pour la peinture, la sculpture et l'architecture. Louis XIV s'est immortalisé par toutes ces fondations, et cette immortalité ne lui a pas coûté deux cent mille francs par an.

J'avoue que c'est un de mes étonnements que le parlement d'Angleterre, qui s'est avisé de promettre vingt mille guinées à celui qui ferait l'impossible découverte des longitudes, n'ait jamais pensé à imiter Louis XIV dans sa magnificence envers les arts.

Le mérite trouve à la vérité en Angleterre d'autres récompenses plus honorables pour la nation. Tel est le respect que ce peuple a pour les talents, qu'un homme de mérite y fait toujours fortune. M. Addison, en France, eût été de quelque académie, et aurait pu obtenir, par le crédit de quelque femme, une pension de douze cents livres, ou plutôt on lui aurait fait des affaires, sous prétexte qu'on aurait aperçu, dans sa tragédie de *Caton*, quelques traits contre le portier d'un homme en place; en Angleterre, il a été secrétaire d'Etat. M. Newton était intendant des monnaies du royaume; M. Congreve avait une charge importante; M. Prior a été plénipotentiaire. Le docteur Swift est doyen d'Irlande, et y est beaucoup plus considéré que le primat. Si la religion de M. Pope ne lui permet pas d'avoir une place, elle n'empêche pas au moins que sa traduction d'Homère ne lui ait valu deux cent mille francs. J'ai vu longtemps en France l'auteur de *Rhadamiste* près de mourir de faim; et le fils d'un des plus grands hommes que la France ait eus, et qui commençait à marcher sur les traces de son père, était réduit à la misère sans M. Fagon. Ce qui encourage le plus les arts en Angleterre, c'est la considération où ils sont : le portrait du premier ministre se trouve sur la cheminée de son cabinet; mais j'ai vu celui de M. Pope dans vingt maisons.

M. Newton était honoré de son vivant, et l'a été après sa mort comme il devait l'être. Les principaux de la nation se sont disputé l'honneur de porter le poêle à son convoi. Entrez à Westminster. Ce ne sont pas les tombeaux des rois qu'on y admire; ce sont les monuments que la reconnaissance de la nation a érigés aux plus grands hommes qui ont contribué à sa gloire; vous y voyez leurs statues, comme on voyait dans Athènes celles des Sophocle et des Platon; et je suis persuadé que la seule vue de ces glorieux monuments a excité plus d'un esprit et a formé plus d'un grand homme.

On a même reproché aux Anglais d'avoir été trop loin dans les honneurs qu'ils rendent au simple mérite; on a trouvé à redire qu'ils aient enterré dans Westminster la célèbre comédienne Mlle Oldfield à peu près avec les mêmes honneurs qu'on a rendus à M. Newton. Quelques-uns ont prétendu qu'ils avaient affecté d'honorer à ce point la mémoire de cette actrice, afin de nous faire sentir davantage la barbare et lâche injustice qu'ils nous reprochent, d'avoir jeté à la voirie le corps de Mlle Lecouvreur.

Mais je puis vous assurer que les Anglais, dans la pompe funèbre de Mlle Oldfield, enterrée dans leur Saint-Denis, n'ont rien consulté que leur goût; ils sont bien loin d'attacher l'infamie à l'art des Sophocle et des Euripide, et de retrancher du corps de leurs citoyens ceux qui se dévouent à réciter devant eux des ouvrages dont leur nation se glorifie.

Du temps de Charles premier, et dans le commencement de ces guerres civiles commencées par des rigoristes fanatiques, qui eux-mêmes en furent enfin les victimes, on écrivait beaucoup contre les spectacles, d'autant plus que Charles premier et sa femme, fille de notre Henri le Grand, les aimaient extrêmement.

Un docteur, nommé Prynne, scrupuleux à toute outrance, qui se serait cru damné s'il avait porté une soutane au lieu d'un manteau court, et qui aurait voulu que la moitié des hommes eût massacré l'autre pour la gloire de Dieu et la *propaganda fide*, s'avisa d'écrire un fort mauvais livre contre d'assez bonnes comédies qu'on jouait tous les jours très innocemment devant le Roi et la Reine. Il cita l'autorité des rabbins et quelques passages de saint Bonaventure, pour prouver que l'*Œdipe* de Sophocle était l'ouvrage du Malin, que Térence était excommunié *ipso facto;* et il ajouta que sans doute Brutus, qui était un janséniste très sévère, n'avait assassiné César que parce que César, qui était grand-prêtre, avait composé une tragédie d'*Œdipe;* enfin, il dit que tous ceux qui assistaient à un spectacle étaient des excommuniés qui reniaient leur chrême et leur baptême. C'était outrager le roi et toute la famille royale. Les Anglais respectaient alors Charles premier; ils ne voulurent pas souffrir qu'on parlât d'excommunier ce même prince à qui ils firent depuis couper la tête. M. Prynne fut cité devant la Chambre étoilée, condamné à voir son beau livre brûlé par la main du bourreau, et lui, à avoir les oreilles coupées. Son procès se voit dans les actes publics.

On se garde bien, en Italie, de flétrir l'opéra et d'excommunier le signor Senesino ou la signora Cuzzoni. Pour moi, j'oserais souhaiter qu'on pût supprimer en France je ne sais quels mauvais livres qu'on a imprimés contre nos spectacles; car, lorsque les Italiens et les Anglais apprennent que nous flétrissons de la plus grande infamie un art dans lequel nous excellons, que l'on condamne comme impie un spectacle représenté chez les religieux et dans les couvents, qu'on déshonore des jeux où Louis XIV et Louis XV ont été acteurs, qu'on déclare œuvre du démon des pièces revues par les magistrats les plus sévères et représentées devant une reine vertueuse; quand, dis-je, des étrangers apprennent cette insolence, ce manque de respect à l'autorité royale, cette barbarie gothique qu'on ose nommer sévérité chrétienne, que voulez-vous qu'ils pensent de notre nation? Et comment peuvent-ils concevoir, ou que nos lois autorisent un art déclaré si infâme, ou qu'on ose marquer de tant d'infamie un art autorisé par les lois, récompensé par les souverains, cultivé par les grands hommes et admiré des nations; et qu'on trouve chez le même libraire la déclamation du père Le Brun contre nos spectacles, à côté des ouvrages immortels des Racine, des Corneille, des Molière, etc.?

VINGT-QUATRIÈME LETTRE

VINGT-QUATRIÈME LETTRE

SUR LES ACADÉMIES.

Les Anglais ont eu, longtemps avant nous, une académie des sciences; mais elle n'est pas si bien réglée que la nôtre, et cela par la seule raison peut-être qu'elle est plus ancienne; car, si elle avait été formée après l'Académie de Paris, elle en aurait adopté quelques sages lois et eût perfectionné les autres.

La Société Royale de Londres manque des deux choses les plus nécessaires aux hommes, de récompenses et de règles. C'est une petite fortune sûre à Paris pour un géomètre, pour un chimiste, qu'une place à l'Académie; au contraire, il en coûte à Londres pour être de la Société Royale. Quiconque dit en Angleterre : « J'aime les arts » et veut être de la Société, en est dans l'instant. Mais en France, pour être membre et pensionnaire de l'Académie, ce n'est pas assez d'être amateur; il faut être savant, et disputer la place contre des concurrents d'autant plus redoutables qu'ils sont animés par la gloire, par l'intérêt, par la difficulté même, et par cette inflexibilité d'esprit que donne d'ordinaire l'étude opiniâtre des sciences de calcul.

L'Académie des sciences est sagement bornée à l'étude de la nature, et en vérité c'est un champ assez vaste pour occuper cinquante ou soixante personnes. Celle de Londres mêle indifféremment la littérature à la physique. Il me semble qu'il est mieux d'avoir une académie particulière pour les belles-lettres, afin que rien ne soit confondu, et qu'on ne voie point une dissertation sur les coiffures des Romaines à côté d'une centaine de courbes nouvelles.

Puisque la Société de Londres a peu d'ordre et nul encouragement, et que celle de Paris est sur un pied tout opposé, il n'est pas étonnant que les Mémoires de notre Académie soient supérieurs aux leurs : des soldats bien disciplinés et bien payés doivent à la longue l'emporter sur des volontaires. Il est vrai que la Société Royale a eu un Newton, mais elle ne l'a pas produit; il y avait même peu de ses confrères qui l'entendissent; un génie comme M. Newton appartenait à toutes les académies de l'Europe, parce que toutes avaient beaucoup à apprendre de lui.

Le fameux docteur Swift forma le dessein, dans les dernières années du règne de la reine Anne, d'établir une académie pour la langue, à l'exemple de l'Académie Française. Ce projet était appuyé par le comte d'Oxford, grand trésorier, et encore plus par le vicomte Bolingbroke, secrétaire d'État, qui avait le don de parler sur-le-champ dans le Parlement avec autant de pureté que Swift écrivait dans son cabinet, et qui aurait été le protecteur et l'ornement de cette académie. Les membres qui la devaient composer étaient des hommes dont les ouvrages dureront autant que la langue anglaise : c'étaient le docteur Swift, M. Prior, que nous avons vu ici ministre public et qui en Angleterre a la même réputation que La Fontaine a parmi nous; c'étaient M. Pope, le Boileau d'Angleterre, M. Congreve, qu'on peut en appeler le Molière; plusieurs autres, dont les noms m'échappent ici, auraient tous fait fleurir cette compagnie dans sa naissance. Mais la reine mourut subitement; les Whigs se mirent dans la tête de faire pendre les protecteurs de l'académie, ce qui, comme vous croyez bien, fut mortel aux belles-lettres. Les membres de ce corps auraient eu un grand avantage sur les premiers qui composèrent l'Académie Française; car Swift, Prior, Congreve, Dryden, Pope, Addison, etc., avaient fixé la langue anglaise par leurs écrits, au lieu que Chapelain, Colletet, Cassaigne, Faret, Perrin, Cotin, vos premiers académiciens, étaient l'opprobre de votre nation, et que leurs noms sont devenus si ridicules que, si quelque auteur passable avait le malheur de s'appeler Chapelain ou Cotin, il serait obligé de changer de nom. Il aurait fallu surtout que l'académie anglaise se proposât des occupations toutes différentes de la nôtre. Un jour, un bel esprit de ce pays-là me demanda les Mémoires de l'Académie Française. « Elle n'écrit point de Mémoires, lui répondis-je; mais elle a fait imprimer soixante ou quatre-vingts volumes de compliments. » Il en parcourut un ou deux; il ne put jamais entendre ce style, quoiqu'il entendît fort bien tous nos bons auteurs. « Tout ce que j'entrevois, me dit-il, dans ces beaux discours, c'est que le récipiendaire, ayant assuré que son prédécesseur était un grand homme, que le cardinal de Richelieu était un très grand homme, le chancelier Séguier un assez grand homme, Louis XIV un plus que grand homme, le directeur lui répond la même chose, et ajoute que le récipiendaire pourrait bien aussi être une espèce de grand homme, et que, pour lui, directeur, il n'en quitte pas sa part. »

Il est aisé de voir par quelle fatalité presque tous ces discours ont fait si peu d'honneur à ce corps : *vitium est temporis potius quam hominis*. L'usage s'est insensiblement établi que tout académicien répéterait ces éloges à sa réception : ç'a été une espèce de loi d'ennuyer le public. Si on cherche ensuite pourquoi les plus grands génies qui sont entrés dans ce corps ont fait quelquefois les plus mauvaises harangues, la raison en est encore bien aisée; c'est qu'ils ont voulu briller, c'est qu'ils ont voulu traiter nouvellement une matière toute usée : la nécessité de parler, l'embarras de n'avoir rien à dire et l'envie d'avoir de l'esprit sont trois choses capables de rendre ridicule même le plus grand homme; ne pouvant trouver des pensées nouvelles, ils ont cherché des tours nouveaux, et ont parlé sans penser, comme des gens qui mâcheraient à vide, et feraient semblant de manger en périssant d'inanition.

Au lieu que c'est une loi dans l'Académie Française de faire imprimer tous ces discours, par lesquels seuls elle est connue, ce devrait être une loi de ne les imprimer pas.

L'Académie des Belles-Lettres s'est proposé un but plus sage et plus utile, c'est de présenter au public un recueil de Mémoires remplis de recherches et de critiques curieuses. Ces Mémoires sont déjà estimés chez les étrangers; on souhaiterait seulement que quelques matières y fussent plus approfondies, et qu'on n'en eût point traité d'autres. On se serait, par exemple, fort bien passé de je ne sais quelle dissertation sur les prérogatives de la main droite sur la main gauche, et quelques autres recherches qui, sous un titre moins ridicule, n'en sont guère moins frivoles.

L'Académie des Sciences, dans ses recherches plus difficiles et d'une utilité plus sensible, embrasse la connaissance de la nature et la perfection des arts. Il est à croire que des études si profondes et si suivies, des calculs si exacts, des découvertes si fines, des vues si grandes, produiront enfin quelque chose qui servira au bien de l'univers.

Jusqu'à présent, comme nous l'avons déjà observé ensemble, c'est dans les siècles les plus barbares que se sont faites les plus utiles découvertes; il semble que le partage des temps les plus éclairés et des compagnies les plus savantes soit de raisonner sur ce que des ignorants ont inventé. On sait aujourd'hui, après les longues disputes de M. Huyghens et de M. Renaud, la détermination de l'angle le plus avantageux d'un gouvernail de vaisseau avec la quille; mais Christophe Colomb avait découvert l'Amérique sans rien soupçonner de cet angle.

Je suis bien loin d'inférer de là qu'il faille s'en tenir seulement à une pratique aveugle; mais il serait heureux que les physiciens et les géomètres joignissent, autant qu'il est possible, la pratique à la spéculation. Faut-il que ce qui fait le plus d'honneur à l'esprit humain soit souvent ce qui est le moins utile? Un homme, avec les quatre règles d'arithmétique et du bon sens, devient un grand négociant, un Jacques Cœur, un Delmet, un Bernard, tandis qu'un pauvre algébriste passe sa vie à chercher dans les nombres des rapports et des propriétés étonnantes, mais sans usage, et qui ne lui apprendront pas ce que c'est que le change. Tous les arts sont à peu près dans ce cas; il y a un point, passé lequel les recherches ne sont plus que pour la curiosité : ces vérités ingénieuses et inutiles ressemblent à des étoiles qui, placées trop loin de nous, ne nous donnent point de clarté.

Pour l'Académie Française, quel service ne rendrait-elle pas aux lettres, à la langue et à la nation, si, au lieu de faire imprimer tous les ans des compliments, elle faisait imprimer les bons ouvrages du siècle de Louis XIV, épurés de toutes les fautes de langage qui s'y sont glissées? Corneille et Molière en sont pleins; La Fontaine en fourmille; celles qu'on ne pourrait pas corriger seraient au moins marquées. L'Europe, qui lit ces auteurs, apprendrait par eux notre langue avec sûreté; sa pureté serait à jamais fixée; les bons livres français, imprimés avec ce soin aux dépens du Roi, seraient un des plus glorieux monuments de la nation. J'ai ouï dire que M. Despréaux avait fait autrefois cette proposition, et qu'elle a été renouvelée par un homme dont l'esprit, la sagesse et la saine critique sont connus; mais cette idée a eu le sort de beaucoup d'autres projets utiles, d'être approuvée et d'être négligée.

VINGT-CINQUIÈME LETTRE

VINGT-CINQUIÈME LETTRE

Sur les pensées de M. Pascal.

Je vous envoie les remarques critiques que j'ai faites depuis longtemps sur les *Pensées* de M. Pascal. Ne me comparez point ici, je vous prie, à Ézéchias, qui voulut faire brûler tous les livres de Salomon. Je respecte le génie et l'éloquence de Pascal; mais plus je les respecte, plus je suis persuadé qu'il aurait lui-même corrigé beaucoup de ces *Pensées*, qu'il avait jetées au hasard sur le papier, pour les examiner ensuite : et c'est en admirant son génie que je combats quelques-unes de ses idées.

Il me paraît qu'en général l'esprit dans lequel M. Pascal écrivit ces *Pensées* était de montrer l'homme dans un jour odieux. Il s'acharne à nous peindre tous méchants et malheureux. Il écrit contre la nature humaine à peu près comme il écrivait contre les jésuites. Il impute à l'essence de notre nature ce qui n'appartient qu'à certains hommes. Il dit éloquemment des injures au genre humain. J'ose prendre le parti de l'humanité contre ce misanthrope sublime; j'ose assurer que nous ne sommes ni si méchants ni si malheureux qu'il le dit; je suis, de plus, très persuadé que, s'il avait suivi, dans le livre qu'il méditait, le dessein qui paraît dans ses *Pensées*, il aurait fait un livre plein de paralogismes éloquents et de faussetés admirablement déduites. Je crois même que tous ces livres qu'on a faits depuis peu pour prouver la religion chrétienne, sont plus capables de scandaliser que d'édifier. Ces auteurs prétendent-ils en savoir plus que Jésus-Christ et les Apôtres? C'est vouloir soutenir un chêne en l'entourant de roseaux; on peut écarter ces roseaux inutiles sans craindre de faire tort à l'arbre.

J'ai choisi avec discrétion quelques pensées de Pascal; je mets les réponses au bas. C'est à vous à juger si j'ai tort ou raison.

I. « *Les grandeurs et les misères de l'homme sont tellement visibles qu'il faut nécessairement que la vraie religion nous enseigne qu'il y a en lui quelque grand principe de grandeur, et en même temps quelque grand principe de misère. Car il faut que la véritable religion connaisse à fond notre nature, c'est-à-dire qu'elle connaisse tout ce qu'elle a de grand et tout ce qu'elle a de misérable, et la raison de l'un et de l'autre. Il faut encore qu'elle nous rende raison des étonnantes contrariétés qui s'y rencontrent.* »

Cette manière de raisonner paraît fausse et dangereuse : car la fable de Prométhée et de Pandore, les androgynes de Platon et les dogmes des Siamois rendraient aussi bien raison de ces contrariétés apparentes. La religion chrétienne n'en demeurera pas moins vraie, quand même on n'en tirerait pas ces conclusions ingénieuses, qui ne peuvent servir qu'à faire briller l'esprit.

Le christianisme n'enseigne que la simplicité, l'humanité, la charité; vouloir le réduire à la métaphysique, c'est en faire une source d'erreurs.

II. « *Qu'on examine sur cela toutes les religions du monde, et qu'on voie s'il y en a une autre que la chrétienne qui y satisfasse. Sera-ce celle qu'enseignaient les philosophes qui nous proposent pour tout bien un bien qui est en nous? Est-ce le vrai bien? Ont-ils trouvé le remède à nos maux? Est-ce avoir guéri la présomption de l'homme que de l'avoir égalé à Dieu? Et ceux qui nous ont égalés aux bêtes et qui nous ont donné des plaisirs de la terre pour tout bien, ont-ils apporté le remède à nos concupiscences?* »

Les philosophes n'ont point enseigné de religion; ce n'est pas leur philosophie qu'il s'agit de combattre. Jamais philosophe ne s'est dit inspiré de Dieu, car dès lors il eût cessé d'être philosophe, et il eût fait le prophète. Il ne s'agit pas de savoir si Jésus-Christ doit l'emporter sur Aristote; il s'agit de prouver que la religion de Jésus-Christ est la véritable, et que celles de Mahomet, des païens et toutes les autres sont fausses.

III. « *Et cependant sans ce mystère, le plus incompréhensible de tous, nous sommes incompréhensibles à nous-mêmes. Le nœud de notre condition prend ses retours et ses plis dans l'abîme du péché originel, de sorte que l'homme est plus inconcevable sans ce mystère que ce mystère n'est inconcevable à l'homme.* »

Est-ce raisonner que de dire : *L'homme est inconcevable sans ce mystère inconcevable.* Pourquoi vouloir aller plus loin que l'Écriture? N'y a-t-il pas de la témérité à croire qu'elle a besoin d'appui, et que ces idées philosophiques peuvent lui en donner?

Qu'aurait répondu M. Pascal à un homme qui lui aurait dit : « Je sais que le mystère du péché originel est l'objet de ma foi et non de ma raison. Je conçois fort bien sans mystère ce que c'est que l'homme; je vois qu'il vient au monde comme les autres animaux; que l'accouchement des mères est plus douloureux à mesure qu'elles sont plus délicates; que quelquefois des femmes et des animaux femelles meurent dans l'enfantement; qu'il y a quelquefois des enfants mal organisés qui vivent privés d'un ou deux sens et de la faculté du raisonnement; que ceux qui sont le mieux organisés sont ceux qui ont les passions les plus vives; que l'amour de soi-même est égal chez tous les hommes, et qu'il leur est aussi nécessaire que les cinq sens; que cet amour-propre nous est donné de Dieu pour la conservation de notre être, et qu'il nous a donné la religion pour régler cet amour-propre; que nos idées sont justes ou inconséquentes, obscures ou lumineuses, selon que nos organes sont plus ou moins solides, plus ou moins déliés, et selon que nous sommes plus ou moins passionnés; que nous dépendons en tout de l'air qui nous environne, des aliments que nous prenons, et que, dans tout cela, il n'y a rien de contradictoire. L'homme n'est point une énigme, comme vous vous le figurez, pour avoir le plaisir de la deviner. L'homme paraît être à sa place dans la nature, supérieur aux animaux, auxquels il est semblable par les organes, inférieur à d'autres êtres, auxquels il ressemble probablement par la pensée. Il est, comme tout ce que nous voyons, mêlé de mal et de bien, de plaisir et de peine. Il est pourvu de passions pour agir, et de raison pour gouverner ses actions. Si l'homme était parfait, il serait Dieu, et ces prétendues contrariétés, que vous appelez *contradictions,* sont les ingrédients nécessaires qui entrent dans le composé de l'homme, qui est ce qu'il doit être. »

IV. « *Suivons nos mouvements, observons-nous nous-mêmes, et voyons si nous n'y trouverons pas les caractères vivants de ces deux natures.*

« *Tant de contradictions se trouveraient-elles dans un sujet simple?*

« *Cette duplicité de l'homme est si visible qu'il y en a qui ont pensé que nous avions deux âmes, un sujet simple leur paraissant incapable de telles et si soudaines variétés, d'une présomption démesurée à un horrible abattement de cœur.* »

Nos diverses volontés ne sont point des contradictions dans la nature, et l'homme n'est point un sujet simple. Il est composé d'un nombre innombrable d'organes : si un seul de ces organes est un peu altéré, il est nécessaire qu'il change toutes les impressions du cerveau, et que l'animal ait de nouvelles pensées et de nouvelles volontés. Il est très vrai que nous sommes tantôt abattus de tristesse, tantôt enflés de présomption : et cela doit être quand nous nous trouvons dans des situations opposées. Un animal que son maître caresse et nourrit, et un autre qu'on égorge lentement et avec adresse pour en faire une dissection, éprouvent des sentiments bien contraires : aussi faisons-nous; et les différences qui sont en nous sont si peu contradictoires qu'il serait contradictoire qu'elles n'existassent pas.

Les fous qui ont dit que nous avions deux âmes pouvaient par la même raison nous en donner trente ou quarante; car un homme, dans une grande passion, a souvent trente ou quarante idées différentes de la même chose, et doit nécessairement les avoir, selon que cet objet lui paraît sous différentes faces.

Cette prétendue *duplicité* de l'homme est une idée aussi absurde que métaphysique. J'aimerais autant dire que le chien qui mord et qui caresse est double; que la poule, qui a tant soin de ses petits, et qui ensuite les abandonne jusqu'à les méconnaître, est double; que la glace, qui représente à la fois des objets différents, est double; que l'arbre, qui est tantôt chargé, tantôt dépouillé de feuilles, est double. J'avoue que l'homme est inconcevable; mais tout le reste de la nature l'est aussi, et il n'y a pas plus de contradictions apparentes dans l'homme que dans tout le reste.

V. « *Ne parier point que Dieu est, c'est parier qu'il n'est pas. Lequel prendrez-vous donc? Pesons le gain et la perte, en prenant le parti de croire que Dieu est. Si vous gagnez, vous gagnez tout; si vous perdez, vous ne perdez rien. Pariez donc qu'il est, sans hésiter. — Oui, il faut gager; mais je gage peut-être trop. — Voyons, puisqu'il y a pareil hasard de gain et de perte, quand vous n'auriez que deux vies à gagner pour une, vous pourriez encore gager.* »

Il est évidemment faux de dire : « Ne point parier que Dieu est, c'est parier qu'il n'est pas »; car celui qui doute et demande à s'éclairer ne parie assurément ni pour ni contre.

D'ailleurs cet article paraît un peu indécent et puéril; cette idée de jeu, de perte et de gain, ne convient point à la gravité du sujet.

De plus, l'intérêt que j'ai à croire une chose n'est pas une preuve de l'existence de cette chose. Je vous donnerai, me dites-vous, l'empire du monde, si je crois que vous avez raison. Je souhaite alors de tout mon cœur que vous ayez raison; mais, jusqu'à ce que vous me l'ayez prouvé, je ne puis vous croire.

Commencez, pourrait-on dire à M. Pascal, par convaincre ma raison. J'ai intérêt, sans doute, qu'il y ait un Dieu; mais si, dans votre système, Dieu n'est venu que pour si peu de personnes; si le petit nombre des élus est si effrayant; si je ne puis rien du tout par moi-même, dites-moi, je vous prie, quel intérêt j'ai à vous croire? N'ai-je pas un intérêt visible à être persuadé du contraire? De quel front osez-vous me montrer un bonheur infini, auquel, d'un million d'hommes, à peine un seul a droit d'aspirer? Si vous voulez me convaincre, prenez-vous-y d'une autre façon, et n'allez pas tantôt me parler de jeu de hasard, de pari, de croix et de pile, et tantôt m'effrayer par les épines que vous semez sur le chemin que je veux et que je dois suivre. Votre raisonnement ne servirait qu'à faire des athées, si la voix de toute la nature ne nous criait qu'il y a un Dieu, avec autant de force que ces subtilités ont de faiblesse.

VI. « *En voyant l'aveuglement et la misère de l'homme, et ces contrariétés étonnantes qui se découvrent dans sa nature, et regardant tout l'univers muet, et l'homme sans lumière, abandonné à lui-même, et comme égaré dans ce recoin de l'univers, sans savoir qui l'y a mis, ce qu'il y est venu faire, ce qu'il y deviendra en mourant, j'entre en effroi comme un homme qu'on aurait emporté endormi dans une île déserte et effroyable, et qui s'éveillerait sans connaître où il est et sans avoir aucun moyen d'en sortir; et sur cela j'admire comment on n'entre pas en désespoir d'un si misérable état.* »

En lisant cette réflexion, je reçois une lettre d'un de mes amis, qui demeure dans un pays fort éloigné. Voici ses paroles :

« Je suis ici comme vous m'y avez laissé, ni plus gai, ni plus triste, ni plus riche, ni plus pauvre, jouissant d'une santé parfaite, ayant tout ce qui rend la vie agréable, sans amour, sans avarice, sans ambition et sans envie; et tant que tout cela durera, je m'appellerai hardiment un homme très heureux. »

Il y a beaucoup d'hommes aussi heureux que lui. Il en est des hommes comme des animaux; tel chien couche et mange avec sa maîtresse; tel autre tourne la broche et est tout aussi content; tel autre devient enragé, et on le tue. Pour moi, quand je regarde Paris ou Londres, je ne vois aucune raison pour entrer dans ce désespoir dont parle M. Pascal; je vois une ville qui ne ressemble en rien à une île déserte, mais peuplée, opulente, policée, et où les hommes sont heureux autant que la nature humaine le comporte. Quel est l'homme sage qui sera prêt à se pendre parce qu'il ne sait pas comme on voit Dieu face à face, et que sa raison ne peut débrouiller le mystère de la Trinité? Il faudrait autant se désespérer de n'avoir pas quatre pieds et deux ailes.

Pourquoi nous faire horreur de notre être? Notre existence n'est point si malheureuse qu'on veut nous le faire accroire. Regarder l'univers comme un cachot, et tous les hommes comme des criminels qu'on va exécuter, est l'idée d'un fanatique. Croire que le monde est un lieu de délices où l'on ne doit avoir que du plaisir, c'est la rêverie d'un sybarite. Penser que la terre, les hommes et les animaux sont ce qu'ils doivent être dans l'ordre de la Providence, est, je crois, d'un homme sage.

VII. « *(Les juifs pensent) que Dieu ne laissera pas éternellement les autres peuples dans ces ténèbres; qu'il viendra un libérateur pour tous; qu'ils sont au monde pour l'annoncer; qu'ils sont formés exprès pour être les hérauts de ce grand événement, et pour appeler tous les peuples à s'unir à eux dans l'attente de ce libérateur.* »

Les juifs ont toujours attendu un libérateur; mais leur libérateur est pour eux et non pour nous. Ils attendent un messie qui rendra les juifs maîtres des chrétiens; et nous espérons que le Messie réunira un jour les juifs aux chrétiens : ils pensent précisément sur cela le contraire de ce que nous pensons.

VIII. « *La loi par laquelle ce peuple est gouverné est tout ensemble la plus ancienne loi du monde, la plus parfaite, et la seule qui ait toujours été gardée sans interruption dans un état. C'est ce que Philon, juif, montre en divers lieux, et Josèphe admirablement contre Appion, où il fait voir qu'elle est si ancienne que le nom même de loi n'a été connu des plus anciens que plus de mille ans après, en sorte qu'Homère, qui a parlé de tant de peuples, ne s'en est jamais servi. Et il est aisé de juger de la perfection de cette loi par sa simple lecture, où l'on voit qu'on y a pourvu à toutes choses avec tant de sagesse, tant d'équité, tant de jugement, que les plus anciens législateurs grecs et romains en ayant quelque lumière en ont emprunté leurs principales lois : ce qui paraît par celles qu'ils appellent* des douze Tables, *et par les autres preuves que Josèphe en donne.* »

Il est très faux que la loi des juifs soit la plus ancienne, puisque avant Moïse, leur législateur, ils demeuraient en Égypte, le pays de la terre le plus renommé pour ses sages lois.

Il est très faux que le nom de loi n'ait été connu qu'après Homère; il parle des lois de Minos; le mot de loi est dans Hésiode. Et quand le nom de loi ne se trouverait ni dans Hésiode ni dans Homère, cela ne prouverait rien. Il y avait des rois et des juges; donc il y avait des lois.

Il est encore très faux que les Grecs et les Romains aient pris des lois des juifs. Ce ne peut être dans les commencements de leurs républiques, car alors ils ne pouvaient connaître les juifs; ce ne peut être dans le temps de leur grandeur, car alors ils avaient pour ces barbares un mépris connu de toute la terre.

IX. « *Ce peuple est encore admirable en sincérité. Ils gardent avec amour et fidélité le livre où Moïse déclare qu'ils ont toujours été ingrats envers Dieu, et qu'il sait qu'ils le seront encore plus après sa mort; mais qu'il appelle le ciel et la terre à témoin contre eux, qu'il le leur a assez dit; qu'enfin Dieu, s'irritant contre eux, les dispersera par tous les peuples de la terre; que, comme ils l'ont irrité en adorant des dieux qui n'étaient point leurs dieux, il les irritera en appelant un peuple qui n'était point son peuple. Cependant ce livre, qui les déshonore en tant de façons, ils le conservent aux dépens de leur vie. C'est une sincérité qui n'a point d'exemple dans le monde, ni sa racine dans la nature.* »

Cette sincérité a partout des exemples, et n'a sa racine que dans la nature. L'orgueil de chaque juif est intéressé à croire que ce n'est point sa détestable politique, son ignorance des arts, sa grossièrete qui l'a perdu, mais que c'est la colère de Dieu qui le punit. Il pense avec satisfaction qu'il a fallu des miracles pour l'abattre, et que sa nation est toujours la bien-aimée du Dieu qui la châtie.

Qu'un prédicateur monte en chaire, et dise aux Français : « Vous êtes des misérables, qui n'avez ni cœur ni conduite ; vous avez été battus à Hochstedt et à Ramillies parce que vous n'avez pas su vous défendre » ; il se fera lapider. Mais s'il dit : « Vous êtes des catholiques chéris de Dieu ; vos péchés infâmes avaient irrité l'Éternel, qui vous livra aux hérétiques à Hochstedt et à Ramillies ; mais, quand vous êtes revenus au Seigneur, alors il a béni votre courage à Denain » ; ces paroles le feront aimer de l'auditoire.

X. « *S'il y a un Dieu, il ne faut aimer que lui, et non les créatures.* »

Il faut aimer, et très tendrement, les créatures ; il faut aimer sa patrie, sa femme, son père, ses enfants ; et il faut si bien les aimer que Dieu nous les fait aimer malgré nous. Les principes contraires ne sont propres qu'à faire de barbares raisonneurs.

XI. « *Nous naissons injustes ; car chacun tend à soi. Cela est contre tout ordre. Il faut tendre au général ; et la pente vers soi est le commencement de tout désordre en guerre, en police, en économie, etc.* »

Cela est selon tout ordre. Il est aussi impossible qu'une société puisse se former et subsister sans amour-propre, qu'il serait impossible de faire des enfants sans concupiscence, de songer à se nourrir sans appétit, etc. C'est l'amour de nous-même qui assiste l'amour des autres ; c'est par nos besoins mutuels que nous sommes utiles au genre humain ; c'est le fondement de tout commerce ; c'est l'éternel lien des hommes. Sans lui il n'y aurait pas eu un art inventé, ni une société de dix personnes formée. C'est cet amour-propre, que chaque animal a reçu de la nature, qui nous avertit de respecter celui des autres. La loi dirige cet amour-propre, et la religion le perfectionne. Il est bien vrai que Dieu aurait pu faire des créatures uniquement attentives au bien d'autrui. Dans ce cas, les marchands auraient été aux Indes par charité et le maçon eût scié de la pierre pour faire plaisir à son prochain. Mais Dieu a établi les choses autrement. N'accusons point l'instinct qu'il nous donne, et faisons-en l'usage qu'il commande.

XII. « *(Le sens caché des prophéties) ne pouvait induire en erreur, et il n'y avait qu'un peuple aussi char-*

nel que celui-là qui s'y pût méprendre. Car quand les biens sont promis en abondance, qui les empêchait d'entendre les véritables biens, sinon leur cupidité, qui déterminait ce sens aux biens de la terre? »

En bonne foi, le peuple le plus spirituel de la terre l'aurait-il entendu autrement? Ils étaient esclaves des Romains; ils attendaient un libérateur qui les rendrait victorieux et qui ferait respecter Jérusalem dans tout le monde. Comment, avec les lumières de leur raison, pouvaient-ils voir ce vainqueur, ce monarque dans Jésus pauvre et mis en croix? Comment pouvaient-ils entendre, par le nom de leur capitale, une Jérusalem céleste, eux à qui le *Décalogue* n'avait pas seulement parlé de l'immortalité de l'âme? Comment un peuple si attaché à sa loi pouvait-il, sans une lumière supérieure, reconnaître dans les prophéties, qui n'étaient pas leur loi, un Dieu caché sous la figure d'un juif circoncis, qui par sa religion nouvelle a détruit et rendu abominables la Circoncision et le Sabbat, fondements sacrés de la loi judaïque? Encore une fois, adorons Dieu sans vouloir percer dans l'obscurité de ses mystères.

XIII. « *Le temps du premier avènement de Jésus-Christ est prédit. Le temps du second ne l'est point, parce que le premier devait être caché, au lieu que le second doit être éclatant et tellement manifeste que ses ennemis mêmes le reconnaîtront.* »

Le temps du second avènement de Jésus-Christ a été prédit encore plus clairement que le premier. M. Pascal avait apparemment oublié que Jésus-Christ, dans le chapitre XXI de saint Luc, dit expressément : « Lorsque vous verrez une armée environner Jérusalem, sachez que la désolation est proche... Jérusalem sera foulée aux pieds, et il y aura des signes dans le soleil et dans la lune et dans les étoiles; les flots de la mer feront un très grand bruit... Les vertus des cieux seront ébranlées; et alors ils verront le fils de l'homme, qui viendra sur une nuée avec une grande puissance et une grande majesté. »

Ne voilà-t-il pas le second avènement prédit distinctement? Mais, si cela n'est point arrivé encore, ce n'est point à nous d'oser interroger la Providence.

XIV. « *Le Messie, selon les juifs charnels, doit être un grand prince temporel. Selon les chrétiens charnels, il est venu nous dispenser d'*aimer Dieu, *et nous donner des sacrements qui* opèrent tout *sans nous. Ni l'un ni l'autre n'est la religion chrétienne ni juive.* »

Cet article est bien plutôt un trait de satire qu'une réflexion chrétienne. On voit que c'est aux jésuites qu'on en veut ici. Mais en vérité aucun jésuite a-t-il jamais dit que Jésus-Christ *est venu nous dispenser d'aimer Dieu?* La dispute sur l'amour de Dieu est une pure dispute de mots, comme la plupart des autres querelles scientifiques qui ont causé des haines si vives et des malheurs si affreux.

Il paraît encore un autre défaut dans cet article. C'est qu'on y suppose que l'attente d'un messie était un point de religion chez les juifs. C'était seulement une idée consolante répandue parmi cette nation. Les juifs espéraient un libérateur. Mais il ne leur était pas ordonné d'y croire comme article de foi. Toute leur religion était renfermée dans les livres de la loi. Les prophètes n'ont jamais été regardés par les juifs comme législateurs.

XV. « *Pour examiner les prophéties, il faut les entendre. Car si l'on croit qu'elles n'ont qu'un sens, il est sûr que le Messie ne sera point venu; mais, si elles ont deux sens, il est sûr qu'il sera venu en Jésus-Christ.* »

La religion chrétienne est si véritable qu'elle n'a pas besoin de preuves douteuses. Or, si quelque chose pouvait ébranler les fondements de cette sainte et raisonnable religion, c'est ce sentiment de M. Pascal. Il veut que tout ait deux sens dans l'Écriture; mais un homme qui aurait le malheur d'être incrédule pourrait lui dire : Celui qui donne deux sens à ses paroles veut tromper les hommes, et cette duplicité est toujours punie par les lois; comment donc pouvez-vous, sans rougir, admettre dans Dieu ce qu'on punit et ce qu'on déteste dans les hommes? Que dis-je? avec quel mépris et avec quelle indignation ne traitez-vous pas les oracles des païens, parce qu'ils avaient deux sens! Ne pourrait-on pas dire plutôt que les prophéties qui regardent directement Jésus-Christ n'ont qu'un sens, comme celles de Daniel, de Michée et autres? Ne pourrait-on pas même dire que, quand nous n'aurions aucune intelligence des prophéties, la religion n'en serait pas moins prouvée?

XVI. « *La distance infinie des corps aux esprits figure la distance infiniment plus infinie des esprits à la charité; car elle est surnaturelle.* »

Il est à croire que M. Pascal n'aurait pas employé ce galimatias dans son ouvrage, s'il avait eu le temps de le faire.

XVII. « *Les faiblesses les plus apparentes sont des forces à ceux qui prennent bien les choses. Par exemple, les deux généalogies de saint Mathieu et de saint Luc. Il est visible que cela n'a pas été fait de concert.* »

Les éditeurs des *Pensées* de Pascal auraient-ils dû imprimer cette pensée, dont l'exposition seule est peut-être capable de faire tort à la religion? A quoi bon dire que ces généalogies, ces points fondamentaux de la religion chrétienne se contrarient, sans dire en quoi elles peuvent s'accorder? Il fallait présenter l'antidote avec le poison. Que penserait-on d'un avocat qui dirait: « Ma partie se contredit, mais cette faiblesse est une force, pour ceux qui savent bien prendre les choses »?

XVIII. « *Qu'on ne nous reproche donc plus le manque de clarté, puisque nous en faisons profession; mais que l'on reconnaisse la vérité de la religion dans l'obscurité même de la religion, dans le peu de lumière que nous en avons, et dans l'indifférence que nous avons de la connaître.* »

Voilà d'étranges marques de vérité qu'apporte Pascal! Quelles autres marques a donc le mensonge? Quoi! il suffirait, pour être cru, de dire : *Je suis obscur, je suis inintelligible!* Il serait bien plus sensé de ne présenter aux yeux que les lumières de la foi, au lieu de ces ténèbres d'érudition.

XIX. « *S'il n'y avait qu'une religion, Dieu serait trop manifeste.* »

Quoi! vous dites que, s'il n'y avait qu'une religion, Dieu serait trop manifeste! Eh! oubliez-vous que vous dites, à chaque page, qu'un jour il n'y aura qu'une religion? Selon vous, Dieu sera donc alors trop manifeste.

XX. « *Je dis que la religion juive ne consistait en aucune de ces choses, mais seulement en l'amour de Dieu, et que Dieu réprouvait toutes les autres choses.* »

Quoi! Dieu réprouvait tout ce qu'il ordonnait lui-même avec tant de soin aux juifs, et dans un détail si prodigieux! N'est-il pas plus vrai de dire que la loi de Moïse consistait et dans l'amour et dans le culte? Ramener tout à l'amour de Dieu sent peut-être moins l'amour de Dieu que la haine que tout janséniste a pour son prochain moliniste.

XXI. « *La chose la plus importante à la vie, c'est le choix d'un métier; le hasard en dispose. La coutume fait les maçons, les soldats, les couvreurs.* »

Qui peut donc déterminer les soldats, les maçons et tous les ouvriers mécaniques, sinon ce qu'on appelle hasard et la coutume? Il n'y a que les arts de génie auxquels on se détermine de soi-même. Mais, pour les métiers que tout le monde peut faire, il est très naturel et très raisonnable que la coutume en dispose.

XXII. « *Que chacun examine sa pensée; il la trouvera toujours occupée au passé et à l'avenir. Nous ne pensons presque point au présent; et si nous y pensons, ce n'est que pour en prendre la lumière pour disposer l'avenir. Le présent n'est jamais notre but; le passé et le présent sont nos moyens; le seul avenir est notre objet.* »

Il faut, bien loin de se plaindre, remercier l'auteur de la nature de ce qu'il nous donne cet instinct qui nous emporte sans cesse vers l'avenir. Le trésor le plus précieux de l'homme est cette *espérance* qui nous adoucit nos chagrins, et qui nous peint des plaisirs futurs dans la possession des plaisirs présents. Si les hommes étaient assez malheureux pour ne s'occuper que du présent, on ne sèmerait point, on ne bâtirait point, on ne planterait point, on ne pourvoirait à rien : on manquerait de tout au milieu de cette fausse jouissance. Un esprit comme M. Pascal pouvait-il donner dans un lieu commun aussi faux que celui-là? La nature a établi que chaque homme jouirait du présent en se nourrissant, en faisant des enfants, en écoutant des sons agréables, en occupant sa faculté de penser et de sentir, et qu'en sortant de ces états, souvent au milieu de ces états même, il penserait au lendemain, sans quoi il périrait de misère aujourd'hui.

XXIII. « *Mais quand j'y ai regardé de plus près, j'ai trouvé que cet éloignement que les hommes ont du repos, et de demeurer avec eux-mêmes, vient d'une cause bien effective, c'est-à-dire du malheur naturel de notre condition faible et mortelle, et si misérable que rien ne nous peut consoler, lorsque rien ne nous empêche d'y penser, et que nous ne voyons que nous.* »

Ce mot *ne voir que nous* ne forme aucun sens.

Qu'est-ce qu'un homme qui n'agirait point, et qui est supposé se contempler? Non seulement je dis que cet homme serait un imbécile, inutile à la société, mais je dis que cet homme ne peut exister : car que contemplerait-il? son corps, ses pieds, ses mains, ses cinq sens? Ou il serait un idiot, ou bien il ferait usage de tout cela. Resterait-il à contempler sa faculté de penser? Mais il ne peut contempler cette faculté qu'en l'exerçant. Ou il ne pensera à rien, ou bien il pensera aux idées qui lui sont déjà venues, ou il en composera de nouvelles : or il ne peut avoir d'idées que du dehors. Le voilà donc nécessairement occupé ou de ses sens ou de ses idées; le voilà donc hors de soi, ou imbécile.

Encore une fois, il est impossible à la nature humaine de rester dans cet engourdissement imaginaire; il est absurde de le penser; il est insensé d'y prétendre. L'homme est né pour l'action, comme le feu tend en haut et la pierre en bas. N'être point occupé et n'exister pas est la même chose pour l'homme. Toute la différence consiste dans les occupations douces ou tumultueuses, dangereuses ou utiles.

XXIV. « *Les hommes ont un instinct secret qui les porte à chercher le divertissement et l'occupation au dehors, qui vient du ressentiment de leur misère continuelle; et ils ont un autre instinct secret qui reste de la grandeur de leur première nature, qui leur fait connaître que le bonheur n'est en effet que dans le repos.* »

Cet instinct secret étant le premier principe et le fondement nécessaire de la société, il vient plutôt de la bonté de Dieu, et il est plutôt l'instrument de notre bonheur qu'il n'est le ressentiment de notre misère. Je ne sais pas ce que nos premiers pères faisaient dans le paradis terrestre; mais, si chacun d'eux n'avait pensé qu'à soi, l'existence du genre humain était bien hasardée. N'est-il pas absurde de penser qu'ils avaient des sens parfaits, c'est-à-dire des instruments d'action parfaits, uniquement pour la contemplation? Et n'est-il pas plaisant que des têtes pensantes puissent imaginer que la paresse est un titre de grandeur, et l'action, un rabaissement de notre nature?

XXV. « *C'est pourquoi, lorsque Cinéas disait à Pyrrhus, qui se proposait de jouir du repos avec ses amis après avoir conquis une grande partie du monde, qu'il ferait mieux d'avancer lui-même son bonheur en jouissant dès lors de ce repos, sans l'aller chercher par tant de fatigues, il lui donnait un conseil qui recevait de grandes difficultés, et qui n'était guère plus raisonnable que le dessein de ce jeune ambitieux. L'un et l'autre supposait que l'homme se pût contenter de soi-même et de ses biens présents, sans remplir le vide de son cœur d'espérances imaginaires, ce qui est faux. Pyrrhus ne pouvait être heureux ni devant ni après avoir conquis le monde.* »

L'exemple de Cinéas est bon dans les satires de Despréaux, mais non dans un livre philosophique. Un roi sage peut être heureux chez lui; et de ce qu'on nous donne Pyrrhus pour un fou, cela ne conclut rien pour le reste des hommes.

XXVI. « *On doit reconnaître que l'homme est si malheureux qu'il s'ennuierait même sans aucune cause étrangère d'ennui, par le propre état de sa condition.* »

Au contraire l'homme est si heureux en ce point, et nous avons tant d'obligation à l'auteur de la nature qu'il a attaché l'ennui à l'inaction, afin de nous forcer par là à être utiles au prochain et à nous-même.

XXVII. « *D'où vient que cet homme qui a perdu depuis peu son fils unique et qui, accablé de procès et de querelles, était ce matin si troublé, n'y pense plus maintenant? Ne vous en étonnez pas; il est tout occupé à voir par où passera un cerf que ses chiens poursuivent avec ardeur depuis six heures. Il n'en faut pas davantage pour l'homme, quelque plein de tristesse qu'il soit. Si l'on peut gagner sur lui de le faire entrer en quelque divertissement, le voilà heureux pendant ce temps-là.* »

Cet homme fait à merveille : la dissipation est un remède plus sûr contre la douleur que le quinquina contre la fièvre; ne blâmons point en cela la nature, qui est toujours prête à nous secourir.

XXVIII. « *Qu'on s'imagine un nombre d'hommes dans les chaînes, et tous condamnés à la mort, dont les uns étant chaque jour égorgés à la vue des autres, ceux qui restent voient leur propre condition dans celle de leurs semblables, et, se regardant les uns les autres avec douleur et sans espérance, attendent leur tour. C'est l'image de la condition des hommes.* »

Cette comparaison assurément n'est pas juste : des malheureux enchaînés qu'on égorge l'un après l'autre, sont malheureux, non seulement parce qu'ils souffrent, mais encore parce qu'ils éprouvent ce que les autres hommes ne souffrent pas. Le sort naturel d'un homme n'est ni d'être enchaîné ni d'être égorgé; mais tous les hommes sont faits, comme les animaux et les plantes, pour croître, pour vivre un certain temps, pour produire leur semblable et pour mourir. On peut dans une satire montrer l'homme tant qu'on voudra du mauvais côté; mais, pour peu qu'on se serve de sa raison, on avouera que de tous les animaux l'homme est le plus parfait, le plus heureux, et celui qui vit le plus longtemps. Au lieu donc de nous étonner et de nous plaindre du malheur et de la brièveté de la vie, nous devons nous étonner et nous féliciter de notre bonheur et de sa durée. A ne raisonner qu'en philosophe, j'ose dire qu'il y a bien de l'orgueil et de la témérité à prétendre que par notre nature nous devons être mieux que nous ne sommes.

XXIX. « *Les sages parmi les païens, qui ont dit qu'il n'y a qu'un Dieu, ont été persécutés, les juifs haïs, les chrétiens encore plus.* »

Ils ont été quelquefois persécutés, de même que le serait aujourd'hui un homme qui viendrait enseigner l'adoration d'un Dieu, indépendante du culte reçu.

Socrate n'a pas été condamné pour avoir dit : *Il n'y a qu'un Dieu,* mais pour s'être élevé contre le culte extérieur du pays, et pour s'être fait des ennemis puissants fort mal à propos. A l'égard des juifs, ils étaient haïs, non parce qu'ils ne croyaient qu'un Dieu, mais parce qu'ils haïssaient ridiculement les autres nations, parce que c'étaient des barbares qui massacraient sans pitié leurs ennemis vaincus, parce que ce vil peuple, superstitieux, ignorant, privé des arts, privé du commerce, méprisait les peuples les plus policés. Quant aux chrétiens, ils étaient haïs des païens parce qu'ils tendaient à abattre la religion et l'empire, dont ils vinrent enfin à bout, comme les protestants se sont rendus les maîtres dans les mêmes pays, où ils furent longtemps haïs, persécutés et massacrés.

XXX. « *Les défauts de Montaigne sont grands. Il est plein de mots sales et déshonnêtes. Cela ne vaut rien. Ses sentiments sur l'homicide volontaire et sur la mort sont horribles.* »

Montaigne parle en philosophe, non en chrétien : il dit le pour et le contre de l'homicide volontaire. Philosophiquement parlant, quel mal fait à la société un homme qui la quitte quand il ne peut plus la servir? Un vieillard a la pierre et souffre des douleurs insupportables; on lui dit : « Si vous ne vous faites tailler, vous allez mourir; si l'on vous taille, vous pourrez encore radoter, baver et traîner pendant un an, à charge à vous-même et aux autres. » Je suppose que le bonhomme prenne alors le parti de n'être plus à charge à personne : voilà à peu près le cas que Montaigne expose.

XXXI. « *Combien les lunettes nous ont-elles découvert d'astres qui n'étaient point pour nos philosophes d'auparavant? On attaquait hardiment l'Ecriture sur ce qu'on y trouve en tant d'endroits du grand nombre des étoiles. Il n'y en a que mille vingt-deux, disait-on; nous le savons.* »

Il est certain que la Sainte Ecriture, en matière de physique, s'est toujours proportionnée aux idées reçues; ainsi, elle suppose que la terre est immobile, que le soleil marche, etc. Ce n'est point du tout par un raffinement d'astronomie qu'elle dit que les étoiles sont innombrables, mais pour s'accorder aux idées vulgaires. En effet, quoique nos yeux ne découvrent qu'environ mille vingt-deux étoiles, cependant quand on regarde le ciel fixement, la vue éblouie croit alors en voir une infinité. L'Ecriture parle donc selon ce préjugé vulgaire, car elle ne nous a pas été donnée pour faire de nous des physiciens; et il y a grande apparence que Dieu ne révéla ni à Habacuc ni à Baruch, ni à Michée qu'un jour un Anglais nommé Flamstead mettrait dans son catalogue plus de sept mille étoiles aperçues avec le télescope.

XXXII. « *Est-ce courage à un homme mourant d'aller, dans la faiblesse et dans l'agonie, affronter un Dieu tout-puissant et éternel?* »

Cela n'est jamais arrivé; et ce ne peut être que dans un violent transport au cerveau qu'un homme dise : « Je crois un Dieu, et je le brave. »

XXXIII. « *Je crois volontiers les histoires dont les témoins se font égorger.* »

La difficulté n'est pas seulement de savoir si on croira des témoins qui meurent pour soutenir leur déposition, comme ont fait tant de fanatiques, mais encore si ces témoins sont effectivement morts pour cela, si on a conservé leurs dépositions, s'ils ont habité les pays où l'on dit qu'ils sont morts. Pourquoi Josèphe, né dans les temps de la mort du Christ, Josèphe ennemi d'Hérode, Josèphe peu attaché au judaïsme, n'a-t-il pas dit un mot de tout cela? Voilà ce que M. Pascal eût débrouillé avec succès, comme ont fait depuis tant d'écrivains éloquents.

XXXIV. « *Les sciences ont deux extrémités qui se touchent. La première est la pure ignorance naturelle où se trouvent tous les hommes en naissant; l'autre extrémité est celle où arrivent les grandes âmes, qui ayant parcouru tout ce que les hommes peuvent savoir, trouvent qu'ils ne savent rien, et se rencontrent dans cette ignorance d'où ils étaient partis.* »

Cette pensée est un pur sophisme; et la fausseté consiste dans ce mot d'*ignorance* qu'on prend en deux sens différents. Celui qui ne sait ni lire ni écrire est un ignorant; mais un mathématicien, pour ignorer les principes cachés de la nature, n'est pas au point d'ignorance dont il était parti quand il commença à apprendre à lire. M. Newton ne savait pas pourquoi l'homme remue son bras quand il le veut; mais il n'en était pas moins savant sur le reste. Celui qui ne sait pas l'hébreu, et qui sait le latin, est savant par comparaison avec celui qui ne sait que le français.

XXXV. « *Ce n'est pas être heureux que de pouvoir être réjoui par le divertissement; car il vient d'ailleurs et de dehors; et ainsi il est dépendant, et par conséquent sujet à être troublé par mille accidents qui font les afflictions inévitables.* »

Celui-là est actuellement heureux qui a du plaisir, et ce plaisir ne peut venir que de dehors. Nous ne pouvons avoir de sensations ni d'idées que par les objets extérieurs, comme nous ne pouvons nourrir notre corps qu'en y faisant entrer des substances étrangères qui se changent en la nôtre.

XXXVI. « *L'extrême esprit est accusé de folie, comme l'extrême défaut. Rien ne passe pour bon que la médiocrité.* »

Ce n'est point l'extrême esprit, c'est l'extrême vivacité et volubilité de l'esprit qu'on accuse de folie. L'extrême esprit est l'extrême justesse, l'extrême finesse, l'extrême étendue, opposée diamétralement à la folie.

L'extrême *défaut d'esprit* est un manque de conception, un vide d'idées; ce n'est point la folie, c'est la stupidité. La folie est un dérangement dans les organes, qui fait voir plusieurs objets trop vite, ou qui arrête l'imagination sur un seul avec trop d'application et de violence. Ce n'est point non plus la médiocrité qui passe pour bonne, c'est l'éloignement des deux vices opposés, c'est ce qu'on appelle *juste milieu*, et non *médiocrité*.

XXXVII. « *Si notre condition était véritablement heureuse, il ne faudrait pas nous divertir d'y penser.* »

Notre condition est précisément de penser aux objets extérieurs, avec lesquels nous avons un rapport nécessaire. Il est faux qu'on puisse divertir un homme de penser à la condition humaine; car, à quelque chose qu'il applique son esprit, il l'applique à quelque chose de lié nécessairement à la condition humaine; et encore une fois, penser à soi avec abstraction des choses naturelles, c'est ne penser à rien du tout, qu'on y prenne bien garde.

Loin d'empêcher un homme de penser à sa condition, on ne l'entretient jamais que des agréments de sa condition. On parle à un savant de réputation et de science; à un prince, de ce qui a rapport à sa grandeur; à tout homme on parle de plaisir.

XXXVIII. « *Les grands et les petits ont mêmes accidents, mêmes fâcheries et mêmes passions. Mais les uns sont au haut de la roue, et les autres près du centre, et ainsi moins agités par les mêmes mouvements.* »

Il est faux que les petits soient moins agités que les grands; au contraire, leurs désespoirs sont plus vifs parce qu'ils ont moins de ressources. De cent personnes qui se tuent à Londres, il y en a quatre-vingt-dix-neuf du bas peuple, et à peine une d'une condition relevée. La comparaison de la roue est ingénieuse et fausse.

XXXIX. « *On n'apprend pas aux hommes à être honnêtes gens, et on leur apprend tout le reste; et cependant ils ne se piquent de rien tant que de cela. Ainsi ils ne se piquent de savoir que la seule chose qu'ils n'apprennent point.* »

On apprend aux hommes à être honnêtes gens, et, sans cela, peu parviendraient à l'être. Laissez votre fils prendre dans son enfance tout ce qu'il trouvera sous sa main, à quinze ans il volera sur le grand chemin ; louez-le d'avoir dit un mensonge, il deviendra faux témoin; flattez sa concupiscence, il sera sûrement débauché. On apprend tout aux hommes, la vertu, la religion.

XL. « *Le sot projet que Montaigne a eu de se peindre! Et cela, non pas en passant et contre ses maximes, comme il arrive à tout le monde de faillir, mais par ses propres maximes et par un dessein premier et principal; car de dire des sottises par hasard et par faiblesse, c'est un mal ordinaire; mais d'en dire à dessein, c'est ce qui n'est pas supportable, et d'en dire de telles que celle-là.* »

Le charmant projet que Montaigne a eu de se peindre naïvement comme il a fait! Car il a peint la nature humaine; et le pauvre projet de Nicole, de Malebranche, de Pascal, de décrier Montaigne!

XLI. « *Lorsque j'ai considéré d'où vient qu'on ajoute tant de foi à tant d'imposteurs qui disent qu'ils ont des remèdes, jusqu'à mettre souvent sa vie entre leurs mains, il m'a paru que la véritable cause est qu'il y a de vrais remèdes; car il ne serait pas possible qu'il y en eût tant de faux, et qu'on y donnât tant de créance, s'il n'y en avait de véritables. Si jamais il n'y en avait eu, et que tous les maux eussent été incurables, il est impossible que les hommes se fussent imaginé qu'ils en pourraient donner, et encore plus, que tant d'autres eussent donné créance à ceux qui se fussent vantés d'en avoir. De même que si un homme se vantait d'empêcher de mourir, personne ne le croirait, parce qu'il n'y a aucun exemple de cela. Mais, comme il y a eu quantité de remèdes qui se sont trouvés véritables par la connaissance même des plus grands hommes, la créance des hommes s'est pliée par là, parce que la chose ne pouvant être niée en général (puisqu'il y a des effets particuliers qui sont véritables), le peuple, qui ne peut pas discerner lesquels d'entre ces effets particuliers sont les véritables, les croit tous. De même, ce qui fait qu'on croit tant de faux effets de la lune, c'est qu'il y en a de vrais, comme le flux de la mer.*

« *Ainsi, il me paraît aussi évidemment qu'il n'y a tant de faux miracles, de fausses révélations, de sortilèges, que parce qu'il y en a de vrais.* »

Il me semble que la nature humaine n'a pas besoin du vrai pour tomber dans le faux. On a imputé mille fausses influences à la lune avant qu'on imaginât le moindre rapport véritable avec le flux de la mer. Le premier homme qui a été malade a cru sans peine le premier charlatan. Personne n'a vu de loups-garous ni de sorciers, et beaucoup y ont cru. Personne n'a vu de transmutation de métaux, et plusieurs ont été ruinés par la créance de la pierre philosophale. Les Romains, les Grecs, tous les païens ne croyaient-ils donc aux faux miracles dont ils étaient inondés que parce qu'ils en avaient vu de véritables?

XLII. « *Le port règle ceux qui sont dans un vaisseau; mais où trouverons-nous ce point dans la morale?* »

Dans cette seule maxime reçue de toutes les nations : « Ne faites pas à autrui ce que vous ne voudriez pas qu'on vous fît. »

XLIII. « Ferox gens nullam esse vitam sine armis putat. *Ils aiment mieux la mort que la paix; les autres aiment mieux la mort que la guerre. Toute opinion peut être préférée à la vie, dont l'amour paraît si fort et si naturel.* »

C'est des Catalans que Tacite a dit cela; mais il n'y en a point dont on ait dit et dont on puisse dire : « Elle aime mieux la mort que la guerre. »

XLIV. « *A mesure qu'on a plus d'esprit, on trouve qu'il y a plus d'hommes originaux. Les gens du commun ne trouvent pas de différence entre les hommes.* »

Il y a très peu d'hommes vraiment originaux; presque tous se gouvernent, pensent et sentent par l'influence de la coutume et de l'éducation : rien n'est si rare qu'un esprit qui marche dans une route nouvelle; mais parmi cette foule d'hommes qui vont de compagnie, chacun a de petites différences dans la démarche, que les vues fines aperçoivent.

XLV. « *Il y a donc deux sortes d'esprit, l'un de pénétrer vivement et profondément les conséquences des principes, et c'est là l'esprit de justesse; l'autre de comprendre un grand nombre de principes sans les confondre, et c'est là l'esprit de géométrie.* »

L'usage veut, je crois, aujourd'hui qu'on appelle *esprit géométrique* l'esprit méthodique et conséquent.

XLVI. « *La mort est plus aisée à supporter sans y penser, que la pensée de la mort sans péril.* »

On ne peut pas dire qu'un homme supporte la mort aisément ou malaisément, quand il n'y pense point du tout. Qui ne sent rien ne supporte rien.

XLVII. « *Nous supposons que tous les hommes conçoivent et sentent de la même sorte les objets qui se présentent à eux; mais nous le supposons bien gratuitement, car nous n'en avons aucune preuve. Je vois bien qu'on applique les mêmes mots dans les mêmes occasions, et que toutes les fois que deux hommes voient, par exemple, de la neige, ils expriment tous deux la vue de ce même objet par les mêmes mots, en disant l'un et l'autre qu'elle est blanche; et de cette conformité d'application on tire une puissante conjecture d'une conformité d'idée; mais cela n'est pas absolument convaincant, quoiqu'il y ait lieu à parier pour l'affirmative.* »

Ce n'était pas la couleur blanche qu'il fallait apporter en preuve. Le blanc, qui est un assemblage de tous les rayons, paraît éclatant à tout le monde, éblouit un peu à la longue, fait à tous les yeux le même effet; mais on pourrait dire que peut-être les autres couleurs ne sont pas aperçues de tous les yeux de la même manière.

XLVIII. « *Tout notre raisonnement se réduit à céder au sentiment.* »

Notre raisonnement se réduit à céder au sentiment en fait de goût, non en fait de science.

XLIX. « *Ceux qui jugent d'un ouvrage par règle sont à l'égard des autres comme ceux qui ont une montre à l'égard de ceux qui n'en ont point. L'un dit : « Il y a deux heures que nous sommes ici »; l'autre dit : « Il n'y a que trois quarts d'heure. » Je regarde ma montre; je dis à l'un : « Vous vous ennuyez »; et à l'autre : « Le temps ne vous dure guère.* »

En ouvrages de goût, en musique, en poésie, en peinture, c'est le goût qui tient lieu de montre; et celui qui n'en juge que par règles en juge mal.

L. « *César était trop vieux, ce me semble, pour s'aller amuser à conquérir le monde. Cet amusement était bon à Alexandre; c'était un jeune homme qu'il était difficile d'arrêter; mais César devait être plus mûr.* »

L'on s'imagine d'ordinaire qu'Alexandre et César sont sortis de chez eux dans le dessein de conquérir la terre; ce n'est point cela : Alexandre succéda à Philippe dans le généralat de la Grèce, et fut chargé de la juste entreprise de venger les Grecs des injures du roi de Perse : il battit l'ennemi commun, et continua ses conquêtes jusqu'à l'Inde, parce que le royaume de Darius s'étendait jusqu'à l'Inde; de même que le duc de Marlborough serait venu jusqu'à Lyon sans le maréchal de Villars.

A l'égard de César, il était un des premiers de la République. Il se brouilla avec Pompée, comme les jansénistes avec les molinistes; et alors, ce fut à qui s'exterminerait. Une seule bataille, où il n'y eut pas dix mille hommes de tués, décida de tout.

Aù reste la pensée de M. Pascal est peut-être fausse en tout sens. Il fallait la maturité de César pour se démêler de tant d'intrigues; et il est étonnant qu'Alexandre, à son âge, ait renoncé au plaisir pour faire une guerre si pénible.

LI. « *C'est une plaisante chose à considérer, de ce qu'il y a des gens dans le monde qui, ayant renoncé à toutes les lois de Dieu et de la nature, s'en sont fait eux-mêmes auxquelles ils obéissent exactement, comme par exemple, les voleurs, etc.* »

Cela est encore plus utile que plaisant à considérer; car cela prouve que nulle société d'hommes ne peut subsister un seul jour sans règles.

LII. « *L'homme n'est ni ange ni bête : et le malheur veut que qui veut faire l'ange fait la bête.* »

Qui veut détruire les passions, au lieu de les régler, veut faire l'*ange*.

LIII. « *Un cheval ne cherche point à se faire admirer de son compagnon : on voit bien entre eux quelque sorte d'émulation à la course, mais c'est sans conséquence; car, étant à l'étable, le plus pesant et le plus mal taillé ne cède pas pour cela son avoine à l'autre. Il n'en est pas de même parmi les hommes : leur vertu ne se satisfait pas d'elle-même; et ils ne sont point contents s'ils n'en tirent avantage contre les autres.* »

L'homme le plus mal taillé ne cède pas non plus son pain à l'autre, mais le plus fort l'enlève au plus faible; et chez les animaux et chez les hommes, les gros mangent les petits.

LIV. « *Si l'homme commençait par s'étudier lui-même, il verrait combien il est incapable de passer outre. Comment se pourrait-il faire qu'une partie connût le tout? Il aspirera peut-être à connaître au moins les parties avec lesquelles il a de la proportion. Mais les parties du monde ont toutes un tel rapport et un tel enchaînement l'une avec l'autre, que je crois impossible de connaître l'une sans l'autre et sans le tout.* »

Il ne faudrait point détourner l'homme de chercher ce qui lui est utile, par cette considération qu'il ne peut tout connaître.

Non possis oculo quantum contendere Lynceus,
Non tamen idcirco contemnas lippus inungi.

Nous connaissons beaucoup de vérités; nous avons trouvé beaucoup d'inventions utiles. Consolons-nous de ne pas savoir les rapports qui peuvent être entre une araignée et l'anneau de Saturne, et continuons à examiner ce qui est à notre portée.

LV. « *Si la foudre tombait sur les lieux bas, les poètes et ceux qui ne savent raisonner que sur les choses de cette nature manqueraient de preuves.* »

Une comparaison n'est preuve ni en poésie ni en prose : elle sert en poésie d'embellissement, et en prose elle sert à éclaircir et à rendre les choses plus sensibles. Les poètes qui ont comparé les malheurs des grands à la foudre qui frappe les montagnes feraient des comparaisons contraires, si le contraire arrivait.

LVI. « *C'est cette composition d'esprit et de corps qui a fait que presque tous les philosophes ont confondu les idées des choses, et attribué aux corps ce qui n'appartient qu'aux esprits, et aux esprits ce qui ne peut convenir qu'aux corps.* »

Si nous savions ce que c'est qu'*esprit*, nous pourrions nous plaindre de ce que les philosophes lui ont attribué ce qui ne lui appartient pas; mais nous ne connaissons ni l'esprit ni le corps; nous n'avons aucune idée de l'un, et nous n'avons que des idées très imparfaites de l'autre. Donc nous ne pouvons savoir quelles sont leurs limites.

LVII. « *Comme on dit* beauté poétique, *on devrait dire aussi* beauté géométrique *et* beauté médicinale. *Cependant on ne le dit point; et la raison en est qu'on sait bien quel est l'objet de la géométrie, et quel est l'objet de la médecine, mais on ne sait pas en quoi consiste l'agrément qui est l'objet de la poésie. On ne sait ce que c'est que ce modèle naturel qu'il faut imiter; et, à faute de cette connaissance, on a inventé de certains termes bizarres :* siècle d'or, merveille de nos jours, fatal laurier, bel astre, *etc.; et on appelle ce jargon beauté poétique. Mais qui s'imaginera une femme vêtue sur ce modèle, verra une jolie demoiselle toute couverte de miroirs et de chaînes de laiton.* »

Cela est très faux : on ne doit pas dire *beauté géométrique* ni *beauté médicinale*, parce qu'un théorème et une purgation n'affectent point les sens agréablement, et qu'on ne donne le nom de *beauté* qu'aux choses qui charment les sens, comme la musique, la peinture, l'éloquence, la poésie, l'architecture régulière, etc.

La raison qu'apporte M. Pascal est tout aussi fausse. On sait très bien en quoi consiste l'objet de la poésie; il consiste à peindre avec force, netteté, délicatesse et harmonie; la poésie est l'éloquence harmonieuse. Il fallait que M. Pascal eût bien peu de goût pour dire que *fatal laurier*, *bel astre* et autres sottises sont des beautés poétiques; et il fallait que les éditeurs de ces *Pensées* fussent des personnes bien peu versées dans les belles-lettres pour imprimer une réflexion si indigne de son illustre auteur.

Je ne vous envoie point mes autres remarques sur les *Pensées* de M. Pascal, qui entraîneraient des discussions trop longues. C'est assez d'avoir cru apercevoir quelques erreurs d'inattention dans ce grand génie; c'est une consolation pour un esprit aussi borné que le mien d'être bien persuadé que les plus grands hommes se trompent comme le vulgaire.

TABLE DES MATIÈRES

TITRES RÉCEMMENT PARUS

Tamango. Mateo Falcone et autres nouvelles (392)

MIRBEAU
Le Journal d'une femme de chambre (307)

MISTRAL
Mireille (texte provençal et trad de Mistral) (304)

MORAND
Hécate et ses chiens (410)

MORAVIA
Nouvelles romaines (389). Agostino (396) Le Conformiste (415)

NIETZSCHE
Le Crépuscule des idoles (421)

NODIER
Smarra, Trilby et autres contes (363)

PASCAL
De l'Esprit géométrique, Écrits sur la grâce et autres textes (436)

PETRONE
Satyricon (357)

POE
Histoires grotesques et sérieuses

PROUST
La Prisonnière (376). La Fugitive (446)

RADIGUET
Le Bal du comte d'Orgel (406)

REVERDY
Flaques de verre (405)

RONSARD
Les Amours (335)

SCARRON
Le Roman comique (360)

SCIASCIA
Les Poignardeurs La Disparition de Majorana (427)

SEGALEN
Le Fils du Ciel (377)

SHELLEY (MARY)
Frankenstein (320)

SIENKIEWICZ
Quo Vadis (362)

STENDHAL
Lucien Leuwen 1 (350) - 2 (351)

STERNE
Vie et Opinions de Tristram Shandy (371). Voyage sentimental (372)

TOCQUEVILLE
De la Démocratie en Amérique 1 (353) - 2 (354)

VAUVENARGUES
Introduction à la connaissance de l'esprit humain et autres œuvres (336)

VESAAS
Palais de glace (423)

VILLIERS DE L'ISLE-ADAM
Contes cruels (340). Claire Lenoir et autres récits insolites (401)

WOOLF (Virginia)
La Traversée des apparences (435)

GF GRAND-FORMAT

CHATEAUBRIAND
Mémoires d'Outre-Tombe. Préface de Julien Gracq (4 vol.)

FORT
Ballades françaises

GUTH
Histoire de la littérature française (2 vol.)

HUGO
Poèmes choisis et présentés par Jean Gaudon

LAS CASES
Le Mémorial de Sainte-Hélène (2 vol.)

MAURIAC
Mémoires intérieurs et Nouveaux Mémoires intérieurs

Vous trouverez chez votre libraire le catalogue complet de notre collection.

GF — TEXTE INTÉGRAL — GF

1359-V-1986. — Imp. Bussière. St-Amand (Cher).
N° d'édition 10940. — 3e trimestre 1964. — Printed in France.